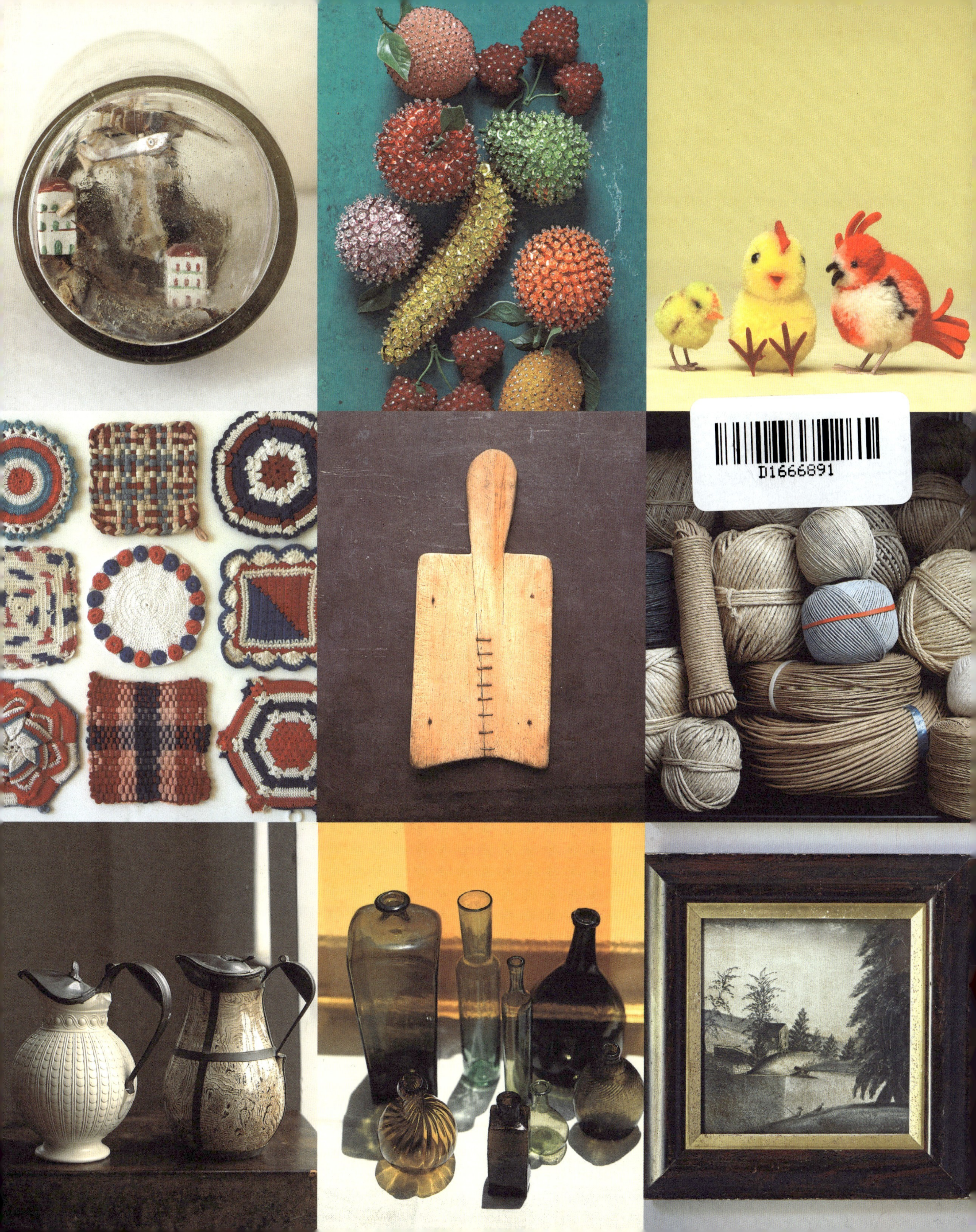

SAMMELLIEBE

53
16
E × D
12
P M C
13

SAMMELLIEBE

LEIDENSCHAFT UND INSZENIERUNG

FRITZ KARCH
UND
REBECCA
ROBERTSON

MIT
JEN RENZI

NEUE FOTOGRAFIEN VON
DANA GALLAGHER

AUS DEM AMERIKANISCHEN VON
KARIN MAACK

KNESEBECK

DUANE HANSON
Campbell's
CONDENSED
TOMATO
SOUP
Campbell's
CONDENSED
Campbell's
CONDENSED
Campbell's
CONDENSED
Campbell's
CONDENSED
Campbell's
CONDENSED
TOMATO
Campbell's
CONDENSED
TOMATO
SOUP
JOSEPH CAMPBELL COMPANY
CAMDEN, N.J. U.S.A.

der INHALT

Als Redakteure sind wir auf Stilfragen spezialisiert und selbst passionierte Sammler. So tauchten wir gern ein in die Welt des Sammelns und machten uns vertraut mit einigen der außergewöhnlichsten Zusammenstellungen von Keramik-, Textil- oder Glas-Objekten. Wir hatten die Ehre, Kenner jedweder Couleur zu besuchen, von ihren Leidenschaften zu erfahren und davon, wie sie mit diesen leben.

Überraschenderweise stellten wir fest, dass die meisten Besitzer außergewöhnlicher Sammlungen nicht so leben, dass ihre Kollektionen bestmöglich zur Geltung kommen. Viele verstecken ihre wertvollen Besitztümer in Schubladen oder Schränken oder sonst wo: Altertümliche Servietten oder Chenille-Tagesdecken liegen

In einer aufwendigen Dekoration wie dieser zeigt sich die Sammlerpersönlichkeit am ehesten. Für diesen Sammler sind geschnitzte Muschelgemmen Beispiele für die große Raffinesse, die in der Natur zu finden ist – und die sich auch in den elegant gebündelten Stacheln des afrikanischen Stachelschweins zeigt. Er hat einen Blick für das Finish – daher das raffinierte Wechselspiel zwischen der matten Oberfläche der Muscheln beziehungsweise der Marmorplatte und der spiegelnden des Glases. Sogar die Wandfarbe passt dazu: ein perfekt neutrales Grau zur Hervorhebung der Marmoradern und der matten Vergoldung.

ordentlich gefaltet im Wäscheschrank und Keramikgefäße aus der Jahrhundertmitte sind kurzerhand auf einem Beistelltisch platziert. Das gute Silber und Platzdeckchen werden nur für besondere Gelegenheiten herausgeholt. Ästheten mit einem Gefühl für Patina und Finish sind nicht immer in der Lage, dieses Gespür auf das Dekor eines größeren Raumes zu übertragen. Und die Sammler, die mit ihren Schätzen so ernsthaft wie Kuratoren umgehen, archivieren diese meist sicher oder verstauen sie im Banksafe. Dass wunderbare Sammlungen, die ihren Besitzern so viel Freude bereiten, nicht wirkungsvoll präsentiert wurden, erscheint wie eine verpasste Gelegenheit.

Unseren überschwänglichen Sammlerfreunden zu einem harmonischen Zusammenleben mit ihren Sammlungen zu verhelfen, wurde immer wichtiger. Inzwischen ist es unsere persönliche und berufliche Mission, Schätze aus Kartons heraus und in die tägliche Umgebung ihrer Besitzer zu bringen: antike Kupferbackformen an die Wand zu hängen; Schnickschnack nach Farben zu arrangieren; Ordnungsmöbel wie Regale, Serviertabletts und Schränke als Präsentationsflächen zu nutzen; sowie Tabakdosen, Schnabeltassen und andere altertümliche Objekte wie etwa kunstvolle Behältnisse für Blumen oder Kleingeld wieder zu beleben. Unsere Erfahrung im Stylen von Fotosets für Magazinaufnahmen und Wohnräumen (natürlich auch unserer eigenen) hat uns eine Menge gelehrt: Tipps, Tricks und Strategien für das Arrangement ähnlicher Objekte, für die Komposition von Tischdekorationen und das Kombinieren von Kunstobjekten mit faszinierenden Kuriositäten.

Wir sehnten uns nach einem Forum, um diese Design-Methoden einem größeren Publikum zugänglich zu machen, um die unendlich vielen Möglichkeiten der Präsentation, Anordnung und Wiederverwertung von Sammlerstücken darzustellen – sei es nun Spielzeug in Museumsqualität oder Gartenkitsch. Um zu demonstrieren, wie man mit Antiquitäten und alten Modellen sein Lebensgefühl steigert – unabhängig vom persönlichen Stil und ästhetischen Vorlieben. Und um inspirierende Beispiele dafür zu liefern, wie Sammlungen die Einrichtung unserer Wohnungen beeinflussen können. Dies alles führte zur Entstehung des Buches *Sammelliebe*.

Als wir überlegten, wie wir das Buch strukturieren sollten, begannen wir über die Sammler nachzudenken. Nach unserer Erfahrung sind Sammlungen immer eine Erweiterung der Persönlichkeit, der Eigenheiten und des Stils ihrer Besitzer, ein Reflex unterschwelliger Impulse und oft irrationaler Begeisterung. Da flippt ein Fanatiker aus, wenn er eine Mode-Ikone entdeckt: Gucci-Tapeten aus den 1970er-Jahren oder altmodische

Sachen von Lilly Pulitzer und Goyard – während ein anderer die Pop-Art-Qualität von Objekten in Übergröße liebt.

Viele Sammlerstile sind wie zwei Seiten der gleichen Medaille: Koloristen lieben kühne Farbtöne, Neutralisten ziehen gedämpfte Farben vor. Den Exzeptionalisten erregen seltene Beispiele von Muranoglas aus dem 18. Jahrhundert, der Bescheidene begehrt alltägliche Kuriositäten wie Wäscheklammern, Münzschmuck und selbst gemachte Stofftiere. Der Maximalist macht aus seiner Leidenschaft ein umfassendes Sammelwerk, während dem Minimalisten, der überaus anspruchsvoll ist, drei Objekte genügen.

Das Analysieren dieser unterschiedlichen Methoden wurde zum Leitfaden unserer Arbeit – und zu einer Obsession. Uns faszinierte der ursprüngliche Instinkt, Dinge zu sammeln und anzuhäufen. Wir fühlten also einigen der faszinierendsten, stylischsten und eifrigsten Sammlern, die wir kennen, auf den Zahn, um dahinterzukommen, was ihre Methode und ihre Motivation so einzigartig macht und welchen Einfluss beides auf ihr Gefühl für Raumgestaltung hat. So entwickelten wir eine Art Wanderführer zu Sammlertypen. Ganz bestimmt werden Sie sich mit einem (oder mehreren) der fünfzehn Typen identifizieren – und Einsicht in Ihre eigenen Gewohnheiten und Neigungen gewinnen. Freilich haben wir die Namen der vorgestellten Sammler absichtlich weggelassen – außer wenn es um eine historische Sammlung oder ein Museum geht –, um es für den Leser einfacher zu machen, sich in die abgebildeten Räume hineinzudenken und die Ideen in seinem eigenen Heim umzusetzen.

Allen enthusiastischen Sammlern gemeinsam ist das tiefe Bedürfnis auf Schatzsuche zu gehen und die große Disziplin, die sie dabei entwickeln. Sie beherrschen sich bei der Auswahl ihrer Objekte und vermeiden so, dass sie von der schier unendlichen Vielfalt der Dinge überwältigt werden. Der Miniaturist konzentriert sich auf kleine Objekte; Tiersammler jagen nach Abbildern von Tieren; der Fantast stöbert Dinge auf, die ihn auf eine große, märchenhafte Reise mitnehmen.

Hauptziel unseres Buches war, die wohldurchdachte Schönheit und die gestalterischen Prinzipien von Sammlungen zu ergründen, und zwar die der leicht zugänglichen wie auch die der sehr ambitionierten. Gleichzeitig wollten wir zeigen, wie begeisternd die wunderbare Welt des Vintage sein kann: die erstaunlichen Handarbeiten, Materialien und Objekte, die süchtige Flohmarktbesucher ausfindig machen. Ungefähr siebzig Prozent der Sammler suchen nach mittelgroßen Objekten wie Porzellan und Steinzeug; wir wollen die riesige

Vielfalt anderer (manchmal exzentrischer) Objektgattungen beleuchten, die man sammeln kann. Kürbisstiele, Tierporträts von Amateuren, Schnurknäuel, viktorianische Tee-Dosen, Teppichklopfer. Der Internethandel hat den Sammlermarkt einem weiteren Publikum geöffnet und es einfacher gemacht, nach solchen rätselhaften Objekten zu suchen – ob man nun im ländlichen Idaho oder ein paar Blocks von New Yorks Antikmeile entfernt lebt.

Wir hoffen, dass die Wertschätzung für Dinge alter Machart die Menschen ermutigt, über ihre Konsumgewohnheiten nachzudenken und ganz bewusst alte Stücke anzuschaffen. Beim Sammeln geht es auch darum, die wunderbaren Dinge, die es schon gibt, zu recyceln – und so die Abfallberge zu verringern. Ein zusätzlicher Bonus ist, dass sowohl der Entwurf als auch die handwerkliche Machart von Vintage-Modellen oft besonders qualitätvoll sind. Eine Servierplatte des 19. Jahrhunderts aus Steinzeug kostet oft weniger als eine neue aus Keramik und ist sehr viel charmanter und dauerhafter.

Unser Ehrgeiz war, den ganzen Reichtum alter Sammlerobjekte darzustellen, ein möglichst breites Spektrum und so viele Themen wie möglich zu präsentieren. Dementsprechend ist *Sammelliebe* eher ein summarischer Überblick als eine historische Abhandlung. Wir versuchen uns nicht an einer Enzyklopädie oder der Darstellung jeder Art von Topflappen oder Ausstechförmchen. Hoffentlich werden wir damit die Neugier des Lesers anstacheln und ihn inspirieren, mehr über bestimmte Themen zu erfahren – über viele dieser Kategorien gibt es ganze Bücher.

Andererseits wird der Leser merken, dass viele Sammlerstücke eine ähnliche Vorgeschichte haben, und es wird ihm gelingen, auch unterschiedlichste Objekte in einem Kontext zu sehen. Die Geschichte der ornamentalen Kunst wird sehr stark beeinflusst von der Verfügbarkeit bestimmter Rohstoffe und Materialien und von handwerklichen Traditionen. Im 18. und 19. Jahrhundert – der Epoche, aus der viele der gezeigten Objekte stammen – waren die Hersteller gezwungen, das zu verwenden, was für sie erreichbar war. Oft waren dies Abfälle. Besonders die Handwerker waren äußerst kreativ bei der Wiederverwendung von ausrangierten Dingen wie gebrauchten Streichhölzern, Tierknochen, Obstkernen und weggeworfenen Verpackungen. Das Gleiche galt für Rohstoffe wie Lapislazuli und Kobalt, die in bestimmten Kulturen heimisch waren und daher sehr begehrt bei anderen (und entsprechend unerschwinglich). Die Einrichtung von Handelsrouten – zwischen Europa und Asien, über den Mississippi und so weiter – begünstigte den Handel mit Rohstoffen, den Austausch bestimmter Handwerkstechniken und die

Verbreitung von Waren rund um die Welt. Ästhetische Traditionen begannen ebenfalls zu »reisen«, was zu Stilhybriden und zum Abkupfern kunsthandwerklicher Traditionen und sakraler Techniken anderer Kulturen führte.

Mit Waren zu handeln bedeutete auch, sie den Bedürfnissen eines bestimmten Marktes anzupassen. Viele Dinge, die wir heute als Sammlerobjekte schätzen, waren ursprünglich für einen wachsenden Touristenmarkt gedacht – so etwa Souvenir-Löffel oder Kuriositäten, die an Bildungsreisen erinnern sollten. Modernes Konsumverhalten fiel mit dem Aufstieg der Mittelklasse zusammen, der seinen Ursprung in der Industriellen Revolution und der Viktorianischen Epoche hatte. In Kriegszeiten oder während der Epoche der Weltwirtschaftskrise – die geprägt waren von Entbehrungen, dem immerwährenden Wunsch nach Konsum und daraus resultierend großem Einfallsreichtum – blühten Kreativität und Erfindungsgeist bei Amateuren ebenso wie bei großen Produzenten, die immer ausgeklügeltere Marketing- und Markenstrategien entwickelten.

In *Sammelliebe* geht es nicht darum, wem die größten, seltensten oder teuersten Objekte gehören. Sammeln an sich ist keine elitäre Angelegenheit. Eher ist es etwas Universales, Zugängliches und Allumfassendes. Zwar gibt es Leute, die nach obskuren, fürs Museum geeigneten Fundstücken jagen, aber in einer Sammlung, die aus Kronkorken besteht, steckt genauso viel Reiz und Würde. Sie brauchen nicht über außergewöhnliche Mittel zu verfügen, um als Sammler betrachtet zu werden. Sie müssen einfach hungrig sein, brauchen Jagdlust und eine Offenheit für die Dinge ihrer Umgebung – und die Bereitschaft, Freude in Ihr Leben zu lassen.

Der künstlerische Außenseiter Robert Vasseur hat sein Haus in Louviers in Frankreich mit einem überwältigenden Mosaik aus ZERBROCHENER TÖPFERWARE überkrustet. Das Projekt begann als improvisierte Wandverschönerung in seiner Küche und wurde über die Jahre auf jede Oberfläche des Hauses ausgedehnt. Vasseur arbeitete ab den 1950er-Jahren bis zu seinem Tod 2002 an seinem Mosaik. Jetzt wird das Haus von seinem Sohn unterhalten und ist für Besichtigungen geöffnet.

MAN BRAUCHT KEIN GELD, um eine Sammlung aufzubauen; wichtiger sind Beharrlichkeit und Einfallsreichtum. Der Bescheidene ist die Inkarnation dieses Credos. Er findet Vergnügen darin, Abfall nach brauchbarem Material zu durchsuchen, das ihm dann für seine Do-it-yourself-Projekte dient. Dieser Sammler ist im Herzen ein Müllkunsthandwerker und macht Westen aus Dosenöffnungslaschen, modische Armbänder aus Pfennigen, Plüschtiere aus Stoffresten und dekorative Schachteln aus Bonbonpapieren. Die Ästhetik des Bescheidenen ist schlicht, nicht angeberisch: Wäscheklammern, die in großen Mengen zu einer aufwendigen Möbelfassade verarbeitet werden, geben dieser ein sparsames, bescheidenes Aussehen.

Pralinen- und Zigarettenschachteln sind beliebte Sammlerstücke für Bescheidene, die sie zu allem Möglichen falten, zum Beispiel zu Taschen oder dekorativen Objekten. Diese GEWEBTEN SCHACHTELN UND RAHMEN stammen aus den 1930er-Jahren. Die Sammlung wird auf einer weiteren Form des Scrap Craft präsentiert: einem Tisch und Regal aus Holzspulen.

Bastelarbeiten dieser Art waren in Zeiten verbreitet, in denen alles wiederverwertet wurde. Die in wirtschaftlich angespannten Zeiten entstandene Forderung, Abfall zu vermeiden und sich aus der Wegwerfgesellschaft zu verabschieden, ist heute hochaktuell und wieder jedem geläufig. Der bescheidene Sammlertyp des 19. und frühen 20. Jahrhunderts überzog seine Möbel mit einer Unzahl von Kleinigkeiten wie abgestempelten Briefmarken, Holzspulen, Lederstückchen und Konserven-Etiketten. Blechdosen wurden zu Puppenstubenmöbeln oder zu Blumenbouquets zurechtgeschnitten. Gebrauchte Streichhölzer waren oft verwendete und vor dem Müll gerettete Sammlerstücke – bevor es Elektrizität gab, wurden im Haushalt jeden Tag massenhaft Streichhölzer benutzt. Sie umhüllten Kästen und Möbel, kleine Accessoires und sogar winzige Architekturnachbildungen.

Im Lauf der Zeit sind aus Amateur-Handwerkskünsten – wie Teppichknüpfen und der Zigarrenkisten-Tramp-Art – organisierte Sammlermärkte geworden. Folk Art kann sich inzwischen mit den schönen Künsten messen – dank der Wertschätzung zeitgenössischer Sammler für eigenartige und handgefertigte Dinge (will heißen: der Wertschätzung des geschulten Auges für das ungeschulte Talent). Gebrauchte Kronkorken haben vielleicht keinen Wert, aber eine Vintage-Kette aus Kronkorken kann mehrere hundert Dollar erzielen.

Diese fleißigen Hobbywerker und Müllsammler gibt es immer noch. Anstelle von gebrauchten Streichhölzern sammeln sie Werbeartikel und Bierdeckel. Andere verwerten Kronkorken oder Zigarettenpackungen. Sie entdecken neue Ideen im Abfall und nutzen das erstaunliche Warenlager ihrer Recycling-Tonne aus. Ihr Enthusiasmus führt sie dabei manchmal in abwegige Zonen, so wenn sie ihren Sammlerehrgreiz auf gebrauchte Papierservietten und Teebeutel oder ausgedrückte Zahnpasta-Tuben konzentrieren. Mehr als

diese Hinterlassenschaften liegen ihnen Alltagsobjekte wie Büroklammern oder Haushaltschnüre – je universeller desto besser.

Für den Bescheidenen zählt mehr als das einzelne Sammlerstück die Möglichkeit, eine Vielzahl von Varietäten gleichartiger Gegenstände zu ergattern. Er ist fasziniert von subtilen Nuancen. Mit dem Maximalisten, dem zweiten Sammlertyp, der die Fülle der Sammlungsgegenstände liebt, verbindet den Bescheidenen einiges. Seine Sammelwut motiviert ihn zu manchmal humorvollen künstlerischen Ausstellungen. So baut er eine Toilettenpapier-Sammlung auf einem Gitter aus Klopapierrollenhaltern auf oder bedeckt die Außenseite seines Hauses mit einem schimmernden Vorhang aus Bierdosen. Der Bescheidene neigt dazu, die Masse der von ihm gesammelten Dinge in seinen Inszenierungen zu betonen – so wenn er gebrauchte Alufolie oder verschmutzte Gummiringe zusammenballt. Ein ungefähr drei Meter hoher Knäuel aus Schnürsenkeln in Cawker City, Kansas? Ein perfektes Beispiel für die Inszenierungswut des Bescheidenen.

Oft haben die Sammlerstücke des Bescheidenen einen steigenden Marktwert, doch dank der niedrigen Kosten kann man diesem Sammlertypus eine hohe Chancengleichheit zubilligen und ihn als demokratisch charakterisieren. Außerdem ist diese Sammelweise eine Art Einstiegsdroge zu weniger bescheidenen Sammlerzielen. Diese Kategorie ist sicher die vielfältigste unter den von uns definierten. Jeder kann bescheiden anfangen: die Jungen genauso wie die Künstler oder die Senioren. In jedem von uns steckt etwas von diesem Bescheidenen.

In den 1960er- und 1970er-Jahren war es ein beliebtes Hobby, Blechdosen in putzige Möbel für Puppen und Puppenstuben umzuarbeiten. Sie sind einfach herzustellen, verlangen aber eine gewisse Geschicklichkeit: den Deckel entfernen, die Seiten in Streifen schneiden und kringeln. Viele dieser alten Stühlchen wurden angemalt und gepolstert und dann manchmal als Nadelkissen verwendet.

GEGENÜBER Der Bescheidene wird oft durch GARNE UND SCHNÜRE verführt. Viele heben Reste auf und wickeln sie zu Knäueln, aber dieser Sammler hat es auf ganze Knäuel und Rollen abgesehen. Es existiert eine erstaunliche Vielfalt an Formen und Stilen, da jeder Produzent das Garn etwas anders verarbeitet und wickelt. Um zu zeigen, wie viele Varianten es weltweit gibt, ist er in allen vier Himmelsrichtungen unterwegs und bringt GARNKNÄUEL aus jedem von ihm besuchten Land mit.

DIESE SEITE Alte Kleidung und RESTE von Näharbeiten sind ideal, um daraus Plüschtiere zu machen – die Vettern der Sockenaffen-Dynastie. Solche putzigen Wesen werden typischerweise aus allem gemacht, was zur Verfügung steht: Baumwolle, Wolle, Frottee, Häkelei, alte Socken. Jedes Material erinnert an eine andere Art Fell. Während einige Näherinnen Muster verwendeten oder die Designs von kommerziell produzierten Plüschtieren kopierten, fertigten die meisten ihre Tiere ohne Vorbild freihändig und verwendeten alles an Stoffresten, was zur Verfügung stand. Diese spontane Herangehensweise gibt den Tieren die Art von schrulliger Persönlichkeit, die bei Sammlern begehrt ist.

Eine besondere Abart der typischen Münzsammlung: Geldschmuck. Fanatische Vintage-Liebhaber stoßen oft auf Halsketten, Ohrringe, Nadeln und Armbänder aus Pfennigen oder alten Goldmünzen – seien es selbst gemachte oder kommerziell produzierte. In solchem Schmuck werden eigentlich wertlose Münzen wie ein paar von Reisen mitgebrachte Pesos oder Yuans geschickt verwendet.

GEGENÜBER Ein ARMBAND AUS VIKTORIANISCHEN MEDAILLEN und eines aus amerikanischen 10-Cent-Münzen mit Merkurkopf sind Teil der hier vorgestellten Sammlung. Etwas außergewöhnlicher ist das oben abgebildete Armband aus Freundschaftsmünzen. Deren eine Seite wurde glatt poliert und mit Monogramm versehen. Schulfreundinnen tauschten die Münzen und fügten sie zu Bettelarmbändern zusammen. Darunter befindet sich ein Armband aus zwei Maria-Theresia-Talern, die durchgeschnitten wurden, um beide Seiten sichtbar zu machen.

DIESE SEITE SCHMUCK AUS KUPFERPFENNIGEN ist bescheidener und fast immer selbst gemacht. Es gibt viele Techniken, um aus Münzen persönlichen Schmuck zu formen, zum Beispiel zusammenlöten oder Löcher für Kettenglieder hineinbohren. In dieser Sammlung sind auch Armbänder aus amerikanischen Münzen mit Indianerkopf und Büffeln zu sehen.

DIESE SEITE Seit über fünfzehn Jahren ist dieser Sammler mit der Suche nach EILPOST-AUFKLEBERN beschäftigt. Das Besondere ist, dass sie alle Teil einer besonderen Form der Straßenkunst waren: Sie klebten auf Laternen und Straßenschildern, auf Gebäudefassaden und an anderen Orten. Jeder dieser Aufkleber wurde von Straßenkünstlern bemalt und so kam der Sammler in den Besitz einer ganz besonderen Form von Graffiti. Die Sammlung, die aus über 1200 Stücken besteht, ist auf säurefreiem Papier in Schachteln archiviert, geordnet nach Jahr und Stil der Postaufkleber.

GEGENÜBER STREICHHOLZHEFTCHEN, einst allgegenwärtiger Werbeartikel in Restaurants und Clubs, wo sie die Funktion von Geschäftskarten hatten, sind nicht mehr so weit verbreitet, seit Rauchen in der Öffentlichkeit immer weniger erwünscht ist. Sie sind leicht zu sammeln, machen Spaß und sind nicht nur ein sentimentales Andenken an eine Reise oder ein großartiges Essen, sondern auch ein kleiner Exkurs in die Geschichte von Grafikdesign und Typografie.

An authentic British Pub
Phone 289-4333 289-4334
SHERMAN'S
Charcoal Room
1100 W. Valley Alhambra
CHIPPENDALES
INTERNATIONAL Hotel
Panchos
STRAW HAT Pizza Palace
Tobacco Shop Disneyland
Rainbow Club
GARDENA · CALIFORNIA
R
Royal Restaurant & Lounge
the Danish Inn Restaurant
La Venta
pips
Arby's Roast Beef Sandwich
Franciscan MOTEL
2058 FREMONT MONTEREY, CALIF.
If you love me, don't feed me JUNK Take me to....
The Mustard Seed
OMNI
Pipers
Lord Henry's
Waterfront
SERVOMATION
David
THE PROUD BIRD
DRAGON'S TAI SONG DEN
1405 SEPULVEDA BLVD. MANHATTAN BEACH
Fremont
HOTEL & CASINO DOWNTOWN LAS VEGAS
RACE and SPORTS BOOK
The Magic Pan
crêperie
GOLDEN NUGGET
GOLD COAST
Bob Burns
The mandarin
MAKING LOVE
CLOSE COVER BEFORE STRIKING
S
Statue of Liberty
BC
Gateway Arch
TWIN WHEELS
El Torito
cigo's
CASA ALEGRE
Stuff to Rent
the Grinder
SEÑOR PICO
EARLY CALIFORNIA & MEXICAN FOODS
Meet Me At MARIO'S
At Any Hour Under The Clock
CLOSE COVER BEFORE STRIKING
The Boys MARKETS
BOYS LOVE GIRLS
Washington Monument
QUEEN OF THE HAMBURGERS
Sunbeam BLADE-ELECTRIC
SHAVEMASTER
maxon maxon maxon maxon maxon
ELECTRONICS
Love's
Table Shaky ?
31 club
BUFFALO, N.Y.
TELEPHONES AVAILABLE IN
BELL SYSTEM
EIGHT COLORS Order yours Today

LIVE BY
GOLDEN RULE
CCXXII
MALONE
MAIL
BOX

Da er eine Unmenge an freier Zeit hatte, begann der pensionierte Bahnangestellte John Milkovisch damit, Girlanden aus ALUMINIUM-BIERDOSEN anzufertigen und sie wie Windspiele an das Dach seines Hauses in Houston zu binden. Er begann 1968 und machte weiter, bis das gesamte Holzhaus bedeckt war – eine Leistung, zu der er geschätzte 50 000 Dosen brauchte.

Passenderweise wird dieses Gebäude Bierdosenhaus genannt und ist eine Verbindung aus Sachlichkeit und Absurdität, Recycling und Raffinesse. Die schimmernde METALLVERKLEIDUNG war sowohl dekorativ als auch funktional, weil sie die Energiekosten verringerte. Während die Schöpfung von vielen als Folk Art bezeichnet wird (das Haus ist inzwischen ein der Öffentlichkeit zugängliches Museum) betrachtete Milkovisch sein Hobby als reines Vergnügen.

DIESE SEITE Die bescheidene Version der Philatelie: Briefmarken sammeln, um sie als Dekoration wieder zu verwenden. BRIEFMARKENKUNST war ein nahe liegender Zeitvertreib in einer Epoche, als Briefe noch eine der wichtigsten Formen der menschlichen Kommunikation waren und mehrmals am Tag ausgeliefert wurden. Ein viktorianisches Regal mit einer Decoupage aus ganzen Marken im Mosaikstil. Darauf eine Sammlung von Milchglasplatten, die mit Briefmarkenbildern verschönert sind.

GEGENÜBER Ausgeschnittene Farbfelder oder ganze Motive, zum Beispiel Gesichter, werden zu BILDCOLLAGEN – so wie dieser Blumenkorb.

William B Pike

DIESE SEITE Diese Künstlerin aus Großbritannien nennt eine Sammlung von über 30 000 gebrauchten TEEBEUTELN ihr eigen – den Tee hatte sie zuvor allein oder mit Freunden konsumiert. Mit den Beuteln schuf sie eine Reihe von Kunstwerken: Sie trocknete sie auf Papier, um die Flecken als tagebuchartige Hinterlassenschaften ihres Lebens zu konservieren. Die getrockneten Beutel bewahrt sie in Koffern in ihrem Studio auf – eine ebenso verblüffende wie schöne Sammlung.

GEGENÜBER Die bescheidene WÄSCHEKLAMMER gibt es in einer Unzahl von Formen und Größen. Sie wird aus verschiedensten Materialien gefertigt und übernimmt die unterschiedlichsten Funktionen. Diese Ansammlung ist ein Beweis dafür, dass dieser so unscheinbare Gegenstand Auslöser für großen Erfindungsreichtum werden konnte.

DIE FOLGENDEN BEIDEN SEITEN Kronkorken sind zum Teil wertlos, zum Teil Pop Art. Die Metallscheiben werden oft um ihrer selbst willen gesammelt, sind aber auch eine bevorzugte Inspirationsquelle für Folk Artists, der Fixpunkt für eine ganze Kunstrichtung. Ähnlich den Streichholzheftchen ist eine Sammlung KRONKORKEN eine veritable Zeitreise durch Getränkemoden.

LONG TRAIL ALES
A Taste of Vermont

CAGUAMA

SAPPORO SAPPORO SAPPORO SAPPORO

VIRGIL'S

DUNDEE
ORIGINAL
HONEY
BROWN

TWIST OFF
Schmidt's
OR USE OPENER

SARANAC

GUINNESS

TATRA
Jasne Pełne

ORIGINAL
REED'S
GINGER BREW

LEMON
SODA

ARTIFICIAL COLOR
Buddie

SINCE 1801

THOMAS KEMPER SODA COMPANY

TWIST OFF
NON-ALCOHOLIC

Refreshing
MALTA
REGAL

FROM THE BOTTLE
ENJOY STRAIGHT

Make Mine a
Smutty!

TM

CORKY

ABRE FACIL
PONY
Malta

XX

TJ

SANPELLEGRINO
SANPELLEGRINO

Bud

TWIST OFF
America's Oldest Brewery

Corona
Light

Coca-Cola

Coke

CHIMAY
Trappist

IMPORTED
AMSTEL
LIGHT

PACIFICO
CERVECERIA DEL PACIFICO, S.A. DE C.V.

S

Bass

BLACK CHERRY
BOYLAN
1891

CERTIFIED
ARTIFICIAL COLOR
Howdy
ORANGE
SODA
7 OZ.

KLUTZ
100%
CERTIFIED

DUNDEE
PALE
BOCK

EST. 1711
MORLAND

Budweiser
FLAVOR-LOCK
CROWN

ROYAL CROWN
COLA

NOT LABELED
FOR INDIVIDUAL SALE
IBC
BLACK CHERRY
NATURAL & ARTIFICIAL FLAVORS
NO CAFFEINE

GEGENÜBER Viele Bastelarbeiten stammen von AMATEURHANDWERKERN, die sich mit diesen lange Winterabende verkürzen, eine Haftstrafe überstehen oder sich während einer Schiffsreise amüsieren wollten. Gefangene waren gezwungenermaßen erfinderisch und nutzten Küchenabfälle zur Herstellung von Spielsteinen, aufwendigen Strohintarsien und Flaschenkunst. Manche bauten ganze Fantasiewelten wie diese Spielhallenszene aus Zigarrenkisten mit Flaschen aus alten Zahnbürstengriffen und Affen aus Pfirsichsteinen.

DIESE SEITE Pfirsichsteine waren ein beliebtes Medium für die Künstler, die sie zu kleinen Skulpturen schnitzten. Wer nach Vintage-Objekten jagt, wird eine unglaubliche Motiv-Vielfalt entdecken (Nachttöpfe, Kanus, Suppenschüsseln, Kaninchen, winzige Möbel), aber die verbreitetsten Themen waren Körbe und Äffchen. Hier entspannt sich eine Versammlung von PFIRSICHSTEIN-ÄFFCHEN in einem winzigen Billardsaal.

Diese MINI-KÖRBCHEN – alle aus Obststeinen und Nussschalen geschnitzt – sind das Werk eines einzelnen Bastlers. Sie sind alle auf einem selbst gemachten Gestell angeordnet und jedes hat seine eigene kleine Persönlichkeit. Dieser Steinschnitzer war Purist und fertigte jeden Korb aus einer einzigen Nussschale. Andere Bastler haben sie aus unterschiedlichen Teilen zusammengestückelt.

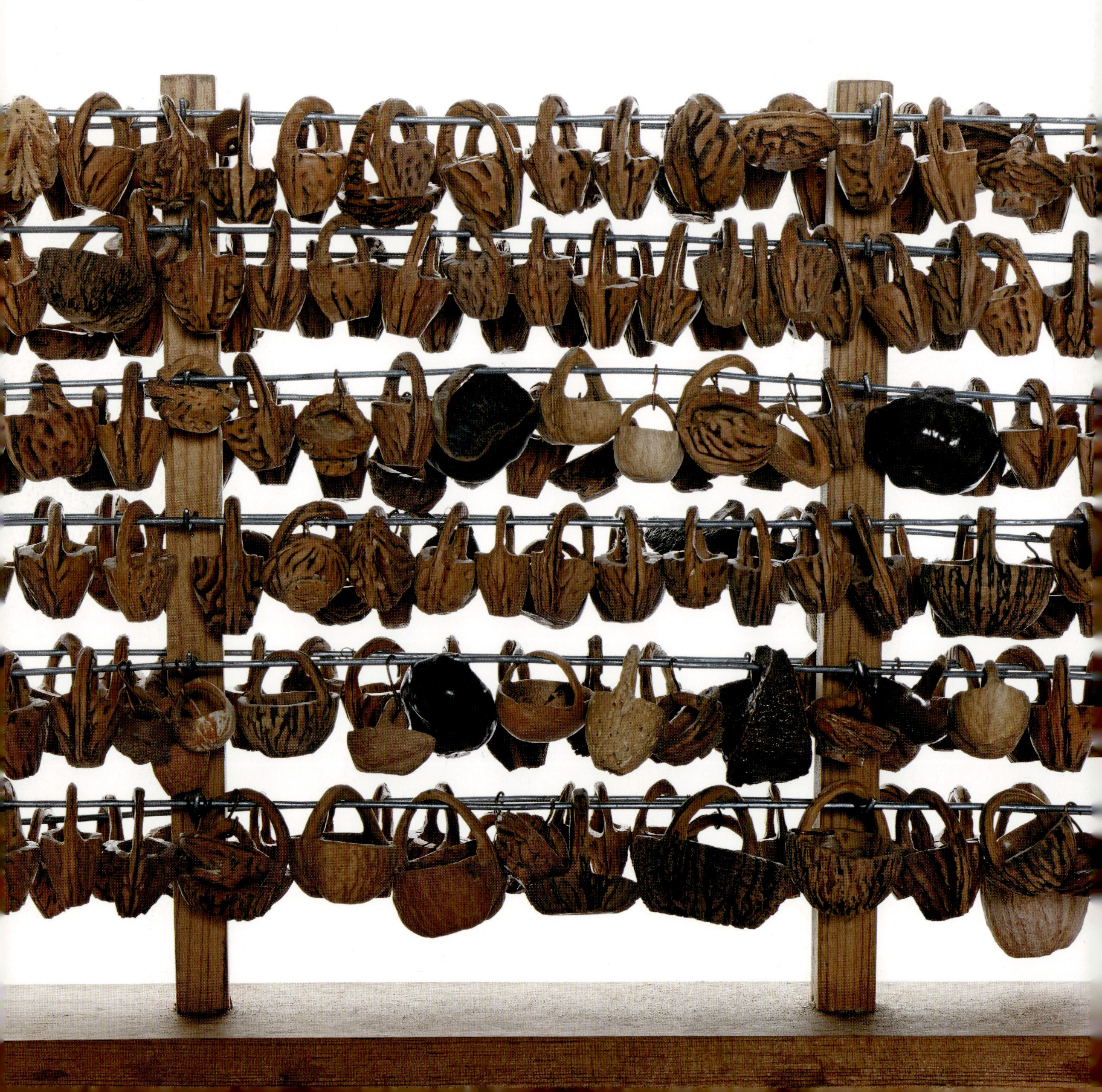

Manche der GESCHNITZTEN OBSTSTEINE waren kunstvoll ausgeführt, andere wie diese Körbe und Figurinen eher roh behauen. Außer Pfirsichsteinen wurden die Steine von Nektarinen oder Kirschkerne verwendet. Projekte wie diese erfordern keine hoch entwickelte Kunstfertigkeit; Hartnäckigkeit und Einfallsreichtum waren wichtiger.

DER EXZEPTIONALIST sucht sich nur das Beste und das Einzigartige aus. Ihn interessieren ausschließlich seltene Objekte. Doch wird bei diesem Sammler deren Wert nicht durch die Provenienz oder den Preis bestimmt. Obwohl die Dinge, die er begehrt – Muschelgemmen, Hausrat aus Majolika, gravierte Glaswaren des 19. Jahrhunderts – manchmal sehr luxuriös sind (und oft äußerst kostspielig), ist für den Exzeptionalisten das Sammeln keine Frage der Investition oder Wertanlage. In seiner Schatztruhe findet man Werke der talentiertesten Kunsthandwerker, das kostbarste Material, die kompliziertesten Techniken, das größte handwerkliche Können: Beispiele großer Schönheit, außerordentlichen Könnens und hervorragender Qualität.

Dieses Glas aus dem 19. Jahrhundert zeigt das außergewöhnliche handwerkliche Geschick, das den Exzeptionalisten interessiert. Miniaturszenen oder kunstvolle Muster in Chiaroscuro werden in papierdünnes Glas graviert – eine Technik, die in England, Irland und Böhmen zur Meisterschaft gedieh.

Typische Exzeptionalisten sind in ihrem Handeln äußerst fokussiert. Ihre Sammlungen sind oft auf verblüffende und sogar absurde Weise spezifisch. So sammeln sie nicht einfach Mikromosaiken, sondern solche mit Architekturszenen; nicht einfach Scherenschnitte, sondern lebensgroße Schattenrisse von Menschen neben Möbelstücken. Für diese Spezialisierung gibt es zwei Gründe: Einerseits macht sie die Jagd aufregender, andererseits zwingt sie zur Zurückhaltung. Exzeptionalisten sind so überwältigt vom Reichtum der materiellen Welt und der Schönheit des Kunsthandwerks, dass sie sich auf ein entlegenes Gebiet beschränken und so die Jagd zu einer noch größeren Herausforderung machen. Selbstbeschränkung ist ein Schutz vor Dilettantismus (und natürlich auch vor Bankrott und Hamstermentalität). Exzeptionalisten sind besonders streng und verweigern sich allem, was leicht zu finden oder herzustellen ist, allem zu Gewöhnlichen und Mittelmäßigen.

Im Verständnis der Exzeptionalisten ist Sammeln nicht nur ein Zeitvertreib, sondern bedeutet große Verantwortung. Sie sehen sich selbst als Kustoden ihrer Sammlung. Der Erhalt von seltenem venezianischen Marmorglas bedeutet für seinen Besitzer größte Sorgfalt und teure Pflege. Doch ist dies ein Sammlerstil, bei dem Hartnäckigkeit auf besondere Weise belohnt wird: Der Exzeptionalist findet pro Jahr vielleicht nur ein oder zwei Stücke, die seinen Ansprüchen genügen, und wird dafür alles Erdenkliche tun.

Mit seiner Sammlung bemüht sich der Exzeptionalist zu zeigen, wie es zum internationalen Austausch von Material und handwerklicher Fähigkeit kam. Viele Handwerkstraditionen waren typisch für eine bestimmte Zeit und einen bestimmten Ort, sei es nun China im 16. oder Italien im 18. Jahrhundert. Mit der Anpassung dieser Waren an den Geschmack unterschiedlicher Märkte, mit interkulturellen Einflüssen und Interpretationen, der Emigration europäischer Kunsthandwerker sowie dem Zustrom ausländischer Waren im Zeitalter der Industrialisierung änderte sich die ursprünglich regional beschränkte Entwicklung. Die Objekte erzählen diese Geschichte der beginnenden Globalisierung.

Der Exzeptionalist interessiert sich für den Kontext und das Publikum, für das die von ihm begehrten Sammlerstücke ursprünglich gefertigt wurden. Für

diese ersten Besitzer eröffnete sich eine zunehmend globale Perspektive. Das Reisen wurde erschwinglich und die Bildungsreise zu einem immer weiter verbreiteten Phänomen bei Europäern und Amerikanern der Oberklasse und den Gebildeten des 17. und 18. Jahrhunderts. Diese Touristen erlagen den Verlockungen des Fremden und Exotischen, besuchten all die Wunder der griechisch-römischen Zeit und erstanden dabei kleine Andenken.

Obwohl viele Exzeptionalisten Stücke in Museumsqualität besitzen, verwahren sie diese keineswegs ausschließlich in Safes. Exzeptionalisten ziehen es vor, mit ihren Passionen zu leben. Ihre heimische Umgebung spiegelt ihr Sammlergefühl wider: Die Ausstattung der Räume und das für ihre Möbel gewählte Material sind von ausgewählter Qualität; Tableaus werden oft neu arrangiert, Stücke anderswo hingestellt, so dass sie frisch und in neuem Kontext erscheinen; Gegenüberstellungen sollen einen lebhaften, polyglotten Dialog anregen. Man kann viel lernen von der Begeisterung des Exzeptionalisten für Tischkultur, von seinem kultivierten Farbensinn, seinem selbstverständlichen Umgang mit kostbaren Dingen und vor allem von seinem Glauben an die Bedeutung einer kultivierten Umgebung. Die Sammlungen der Exzeptionalisten wirken zuerst vielleicht ein bisschen ernst, aber wenn man genauer hinschaut, entdeckt man das Fantasievolle und Exzentrische und die ansteckende Freude darin.

Mikromosaiken werden aus winzigen Glasscheibchen hergestellt, die zu kleinen Bildkunstwerken angeordnet sind. Diese Technik wurde oft verwendet, um Schmuck, dekorative Kästen und sogar Tischplatten zu verschönern. Das Interesse dieses Sammlers ist sehr speziell: MIKROMOSAIKEN mit Architekturabbildungen von klassischen Zierbauten bis zu antiken Ruinen. Solche Stücke waren meist Souvenirs von Bildungsreisen. Ihre geringe Größe machte sie erschwinglich und sie waren leicht zu transportieren.

DIESE SEITE Einige der besten Beispiele für MUSCHELGEMMEN stammen aus Torre del Greco in Italien, einer Küstenstadt, die im 18. Jahrhundert zu einem Zentrum des Gemmenhandels wurde. Ein Kunsthandwerker wählte die allerbesten Muscheln aus – unbeschädigt, perfekt verwittert, schön geformt – und schnitzte von Hand die aufwendigen Darstellungen hinein: zum Beispiel Profilporträts oder Szenen der griechischen Mythologie. Für eine besonders detaillierte Arbeit konnte er Wochen brauchen.

GEGENÜBER Einige Sammler konzentrieren sich ausschließlich auf eine bestimmte Objekt- oder Materialkategorie. Andere begeistern sich für einen bestimmten Ort und/ oder eine bestimmte Zeit. Dieser Exzeptionalist spezialisierte sich auf SKANDINAVISCHE EINRICHTUNGSGEGENSTÄNDE. Im ganzen Haus kann man die Entwicklung der Möbelkultur in diesem geografischen Gebiet durch die Jahrhunderte und unterschiedlichen Stilströmungen verfolgen: Accessoires vom Anfang des 20. Jahrhunderts, ein gustavianisches Sofa und eine Art-déco-Beleuchtung aus den 1930er-Jahren.

DIE GIPSARTIGE OBERFLÄCHE DER WANDFARBE SCHAFFT EIN GEGENGEWICHT ZUR WEICHEN PATINA DER METALLENEN UND VERGOLDETEN DETAILS.

DIE ROSA-ORANGE WANDFARBE IST EIN STRAHLENDER KONTRAST ZU DEN ANSONSTEN RUHIGEN, NEUTRALEN FARBEN DER MÖBEL UND ACCESSOIRES, DIE IHRE TÖNUNG VON NATURMATERIALIEN ERHALTEN.

GEGENÜBER Hier schmücken antike Tabaksdosen das Heim und setzen Akzente auf verschiedenen Oberflächen. Die Wohnungseinrichtung bietet die passende Umgebung für eine Sammlung von Gegenständen AUS ALLER WELT: Darstellungen des Vesuvs in Italien, ein russisches Sofa, ein französischer Beistelltisch mit Marmorplatte, ein schwedischer Stuhl aus bemaltem Holz, ein baltischer Kristalllüster und unter dem Tisch eine deutsche Tazza aus Silber.

DIESE SEITE TABAKSDOSEN waren für Tabakpuder gedacht und hatten für ihren Besitzer eine heutigen Luxusuhren vergleichbare Bedeutung: ein funktionales Objekt, gleichzeitig ein persönliches Accessoire und Zeichen des Geschmacks und des sozialen Status. Die Sammlung dieses Kenners lässt sich vom 17. bis 19. Jahrhundert datieren und zeigt unterschiedliche Techniken und kostbare Materialien, unter anderem Mastodonhorn, Elfenbein, Konglomerat und sogar britische Münzen.

Mit dem Entstehen der Handelsrouten zwischen Asien und dem Westen wuchs das Verlangen nach chinesischen Deko-Objekten wie zum Beispiel Gegenständen aus Lack oder Porzellan. Diese Arbeiten erweckten nicht nur Begehrlichkeit, sondern inspirierten auch Nachahmer. Trotz der Anstrengungen der europäischen Künstler, die anmutige Malerei des chinesischen Porzellans nachzuahmen, ist die Schönheit der Originale immer noch unübertroffen.

INDIVIDUELL ANGEPASSTE, EINFACHE REGALE SETZEN DIE OBJEKTE BESONDERS IN SZENE, DA SIE IN DER GLEICHEN FARBE WIE DIE WAND GESTRICHEN SIND UND OPTISCH ZURÜCKTRETEN.

Die Chinesen waren die ersten und bis zum 18. Jahrhundert einzigen Handwerker, die PORZELLANGESCHIRR herstellten. Wenn man es von Nahem ansieht, scheint es unvorstellbar, dass diese präzisen Muster Handarbeit waren – so makellos ist die Pinselarbeit. Chinesisches Porzellan gab es in vielen Farbnuancen mit unterschiedlichsten Motiven, die dem Geschmack des jeweiligen Exportmarktes entsprachen. Heutige Bewunderer können ihren Vorteil aus dieser Farbenvielfalt ziehen und Stücke sammeln, die die gleiche Farb- oder Formgebung haben.

Die venezianische Insel Murano ist berühmt für ihre Glasbläser-Werkstätten, die es seit Ende des 13. Jahrhunderts dort gibt. Von den vielen Stilen, die dort produziert wurden, ist CHALCEDON-GLAS vielleicht der seltenste. Chalcedon ist ein Mineral, dessen gestreiftes, marmorähnliches Aussehen die Glasarbeiten imitieren. Das halbdurchsichtige Glas in kräftigen Erdfarben wurde nur für kurze Zeit von einem einzigen Betrieb produziert. Trotz der limitierten Produktion förderte dieses Material den Einfallsreichtum: von modernistischen bis zu Varianten klassisch-antiker Vasen oder Ming-Keramiken findet man alle Formen.

Es braucht Hartnäckigkeit, um diese undurchsichtigen, seltenen Gläser zu sammeln. Das macht die Existenz dieser speziellen Zusammenstellung umso erstaunlicher. Ursprünglich hatte sie ein einzelner Sammler zusammengetragen. Später wurden die Gefäße versteigert. Der gegenwärtige Besitzer versucht, die Sammlung wieder zu rekonstruieren und kauft die Stücke eines nach dem anderen, sobald sie wieder auf den Markt kommen. Ihn treibt die Liebe zu den Dingen an, aber auch ein Gefühl der Verantwortung für die Sammlung, die er als Ganzes erhalten will. Daher seine Entscheidung, sie in dieser engen Nachbarschaft zu präsentieren, wie eine Großfamilie.

Die alte Tradition des SCHATTENRISS-PORTRÄTS, die Ende des 18. und Anfang des 19. Jahrhunderts ihren Höhepunkt erreichte, kennt verschiedene Techniken: vom Scherenschnitt bis zur Tuschezeichnung. Dieser typische Exzeptionalist beschränkte seinen Enthusiasmus in extremer Weise: Obwohl auf den meisten Schattenrissen Kopfprofile dargestellt sind, kauft er nur Darstellungen von Ganzfiguren, die mit Möbeln abgebildet sind. Dazu passende vergoldete Rahmen geben der Sammlung zusätzlich einen einheitlichen Charakter.

Diese Arbeit von 1828 stammt von dem berühmten französischen Scherenschnittkünstler AUGUSTE EDOUART, der weit gereist und überaus produktiv war. Im frühen 19. Jahrhundert war Edouart eine gesellschaftliche Attraktion in England und an der amerikanischen Ostküste, wo ihn Gastgeber beauftragten von jedem Partybesucher ein Porträt als Geschenk anzufertigen. Der Künstler zeichnete und schnitt seine Werke freihändig aus. Er machte immer zwei Kopien, eine für sein Modell und eine für sein eigenes Archiv.

Porzellan, das aus Schiffswracks gerettet wurde, ist bei Sammlern sehr begehrt. Sie fasziniert zum einen, mit welchen Schwierigkeiten die Bergung verbunden war, zum anderen die abenteuerliche Vorgeschichte der Stücke. Wertgegenstände, die Jahrhunderte nach ihrem Untergang von Unterwasserarchäologen geborgen wurden, werden im Allgemeinen bei Auktionen versteigert, und die Mehrzahl landet in Museen. Nicht so diese Schätze in Privatbesitz.

DIESE SEITE Aus einem Schiffswrack geborgene blau-weiße CHINESISCHE VASEN kommen in dieser museumsähnlichen Pariser Wohnung wieder ans Tageslicht: Sie stehen auf Wandsockeln, die rautenförmig bis zur Decke reichen.

GEGENÜBER Auf stilbildende Weise begegnete dieser Sammler der Herausforderung, viele gleiche Objekte derselben Größe und mit dem gleichen Muster zu präsentieren: Er betonte ihre Gleichartigkeit. Die Vasen auf einen VERGOLDETEN ROKOKO-SPIEGEL zu stellen, lässt sie dramatisch aussehen, und die spiegelnde Oberfläche erzeugt eine Illusion unendlicher Fülle.

Wenn man im Besitz von Bronzestatuen und ZEICHNUNGEN ALTER MEISTER ist und diese in seinem Ankleideraum ausstellt, kann man sich mit Fug und Recht als Exzeptionalist bezeichnen. (Dass es sich bei allen um Akte handelt, zeugt von einem gewissen Humor.) Dieses ultra-schicke Versteck befindet sich in der New Yorker Wohnung der Modeikone Bill Blass. Sogar seine Anzüge und Schuhe sind als kostbare Sammlung arrangiert und in genauem Abstand auf eine vergoldete Stange gehängt.

Das Pariser Label Goyard war im 19. Jahrhundert ein Liebling des französischen Adels, im 20. Jahrhundert zählte es Kultfiguren wie Coco Chanel, Edith Piaf und Pablo Picasso zu seinen Kunden – und heute Modefans aller Art. Dieser Modenarr sammelt seit über 25 Jahren VINTAGE-KOFFER UND -TASCHEN und verfolgt die geheiligte Tradition, sein Monogramm im Markenstil der Firma von Hand aufmalen zu lassen – komplett mit Rennstreifen und korrekter Platzierung des Schriftzugs. Koffer können praktische Sammlerobjekte sein: Man kann in ihnen Dinge verstauen, aus einem Trio einen Beistelltisch bauen oder eine formschöne Gruppe zusammenstellen, die fast wie Pop Art wirkt.

Der gleiche Sammler hat auch eine Nase für PARFÜMFLASCHEN – wofür diese Flaschenherde ein Beweis ist. Er liebt alles, was mit Mode zu tun hat – sogar die Tapete ist von Gucci.

Im 17. Jahrhundert wurden Gravuren mit Schnitträdern in Glas eingeritzt – eine ziemlich aggressive Herangehensweise bei solch feinem Material. Es war großes Talent notwendig, um das Rad präzise zu führen, den genauen Druck und Schnittwinkel zu bestimmen und bei der Bearbeitung des ultradünnen Glases keinen einzigen Fehler zu machen.

Ein WIRBELSTURM aus den Schatten des Kerzenlichts und der Glasmuster tanzt durch den Raum. Durch den Spiegel hinter der Lichtquelle wird die Wirkung noch verstärkt. Die Klarheit der Gravur steht in schönem Kontrast zur Patina des antiken Spiegels.

Auf diesem magisch-malerischen HOCHZEITSGLAS aus dem 17. Jahrhundert ist ein Dessert-Service auf einem Tisch mit Spitzendecke dargestellt. Dieses Objekt war für den Besitzer so wertvoll, dass er den Sprung auf einer Seite mit einer Krampe zusammenhielt. Diese Methode, Glas und Porzellan zu reparieren, wird heute nicht mehr angewendet.

Anders als für einige der in diesem Kapitel gezeigten lokal begrenzten Handwerkskünste gab es für MAJOLIKA weltweit einen Massenmarkt. Als diese jahrhundertealte Kunstform im 19. Jahrhundert wieder zum Leben erwachte, wurden die farbenfrohen Keramiken in zahllosen Werkstätten in Italien, Frankreich, Deutschland, England, Amerika, Spanien, Portugal und anderen Ländern hergestellt. An Majoliken ist nicht eigentlich die Handwerkskunst das Faszinierende – obwohl es großartige Beispiele dafür gibt –, sondern eher die skurrile Idee.

MAJOLIKA-SCHALEN werden zu Kunstwerken, wenn man sie entsprechend aufhängt. Ein neutraler, strukturierter Hintergrund wie diese Grastapete funktioniert als ruhige Folie für die moos- und sumpffarbenen Glasuren und die üppigen Pflanzenmotive. Die Tische darunter sind ebenfalls Majoliken.

Bei Sheffield-Silber wird eine dünne Silberschicht auf Kupfer aufgeschmolzen. Diese Technik entstand Mitte des 18. Jahrhunderts zur Nachahmung von Sterling-Silber. Bis dahin konnten sich nur der Adel und die Kirche Objekte aus Sterling-Silber leisten. Durch Sheffield-Silber erhielt der obere Mittelstand Zugang zu feinen Metallarbeiten. Der Siegeszug dieser Technik war kurz: Die Erfindung der Galvanik 1840 machte Sheffield-Silber überflüssig und führte dazu, dass es zum Sammlerobjekt wurde.

Liebhaber schätzen den schimmernden Glanz von SHEFFIELD-SILBER. Im Unterschied zu dem harten Glanz galvanisierten Metalls ist der von Sheffield-Silber samtig weich. Im Gebrauch nutzte sich die äußere Sterling-Schicht ab, so dass das Kupfer durchschien. Das wird heutzutage von den Sammlern geschätzt, die Besitzer im 19. Jahrhundert mochten es allerdings nicht und ließen den Gegenstand neu beschichten. Bei Stücken mit ursprünglicher Beschichtung erzielt man heute die höchsten Preise.

Aus Sheffield-Silber wurden die unterschiedlichsten Haushaltswerkzeuge gefertigt, so etwa TRAUBENSCHEREN UND KERZENLÖSCHER – Dinge, die es, genau wie das Material, heute nicht oder kaum mehr gibt.

ÜBLICHERWEISE definiert man einen Sammler als jemanden, der eine möglichst große Anzahl bestimmter Dinge anhäuft. Der Minimalist ist die Ausnahme von dieser Regel: Er besitzt wenige, aber wertvolle Dinge. Es kann durchaus vorkommen, dass sich in der museumsartigen Behausung eines Minimalisten nur ein Stuhl und ein Tisch, ein Bett, ein Kunstwerk und ein Accessoire befinden. Sie sind die strengsten Hüter ihrer Sammlungen und haben eine unvergleichliche Selbstbeherrschung. Für jedes Stück, das sie kaufen, verzichten sie auf zwanzig, die zwar fast, aber nicht ganz die richtigen sind. Diana Vreelands berühmter Satz fasst diese Sammlerphilosophie zusammen: Eleganz ist Verweigerung.

Minimalisten nützen jede Gelegenheit für geschickte Gegenüberstellungen. Am Ende des Flurs in dieser Wohnung spiegelt ein Kunstwerk von Mike und Doug Starn die konstruktivistische Form eines französischen Stuhls der 1930er-Jahre. Die Wandverkleidung aus Leder steigert noch das Spiel mit Strukturen.

Beim minimalistischen Ethos geht es um »weniger, aber besser«. Genauer: Es geht um das, was diese Sammler für das Beste halten. Sie haben ein fantastisches Auge und sind unglaublich anspruchsvoll. Verführen lassen sie sich nur von den allerbesten Exemplaren: vom abgelegensten Prototyp eines Thonet-Stuhls oder einem kunstvoll patinierten Spiegel des 18. Jahrhunderts mit Silberfolie. Während die meisten von uns in ihrer Wohnung Kompromisse eingehen – ein zu kleines Sofa tolerieren, ohne die Suche nach dem perfekten aufzugeben –, würde dieser Sammlertyp eher ganz verzichten. Der Minimalist denkt: Warum mit etwas leben, das man nicht wirklich *liebt*?

Er strebt ständig nach Verbesserung und bewertet seine Besitztümer immer wieder neu. Minimalisten pflegen ihren Perfektionismus. Ihr Heim verändert sich ständig. Die meisten Sammler würden nicht im Traum daran denken, ihren italienischen Glasdekanter oder ein Vintage-Halstuch wegzugeben, nur weil sie sich etwas Neues gekauft haben (Überfluss macht Spaß). Bei diesem Sammler jedoch bedeutet ein Zugang immer auch einen Abgang. Wenn er eine Drahtskulptur aus den 1960er-Jahren gekauft hat, heißt dass: Die wunderbare Wandskulptur von C. Jeré muss eben verkleinert werden.

Bei Minimalisten dreht sich alles um Disziplin – mentale und visuelle. Sie brauchen Klarheit und Ordnung, und deshalb ist ihr Heim äußerst sparsam eingerichtet. Es ist nicht so, dass Minimalisten keine alltäglichen Besitztümer hätten. Sie können mit einem vollgestopften Sichtfeld nur nicht leben. Bücher, zusätzliches Geschirr und Familienfotos sind anderswo verstaut – in einem Wochenendhaus oder in übergroßen Kleiderschränken. Oder im Büro. Der Minimalist ist häufig Modedesigner, Architekt, Künstler oder auf andere Weise kreativ tätig und den ganzen Tag von visuellen Stimuli umgeben. Deshalb sucht er zu Hause nach dem genauen Gegenteil.

In solch einer reduzierten Umgebung lädt jedes Objekt zum Nachsinnen ein und jedes Stück im Heim eines Minimalisten ist voller Bedeutung. Während viele Sammler unterschiedliche Dinge kombinieren (zum Beispiel alte Tabaksdosen mit Marmorbüsten), so dass dieser lebendige Mischmasch wirkt wie das Hintergrundgemurmel einer Cocktailparty, ist das Heim des

Minimalisten kühl und klar und man meint, die Stimmen der einzelnen Objekte klar unterscheiden zu können. Für den Minimalisten ist die Umgebung der Sammlung ebenso wichtig wie diese selbst. Sie bevorzugen weiße Wände und weiße oder schwarze Böden. Reduzierte Architektur und eine ruhige, aber extrem luxuriöse Ausstattung verstärken den Eindruck luftiger Ruhe. Man könnte wirklich denken, der Minimalist sammle pure Luft. Dieses Weniger-ist-mehr erstreckt sich auch auf die Gebäudehülle: Wozu eine Reihe aus acht Fenstern, wenn es ein einziges riesiges Glasfenster auch tut? Warum viele verschiedene Farben, wenn eine – das berühmte »Decorator's White« – alle anderen je nach Lichtverhältnis reflektiert? Der Minimalist gibt der Raumqualität den Vorzug vor der Konsumvielfalt.

DIE FOLGENDE DOPPELSEITE
Im Reich des Minimalisten triumphiert Qualität über Quantität. Weiße Wände, Böden schwarz wie Ebenholz und gekonnt zurückhaltende Architekturdetails lassen die wenigen kostbaren Ausstattungsgegenstände wie Skulpturen herausragen. Knappheit muss Luxus nicht ausschließen – was man an dem dunklen BETTÜBERWURF aus mongolischem Lammfell sehen kann.

DIESE SEITE Minimalismus durchzieht jeden Winkel dieses Heims. Sogar die Porträts sind minimalistisch: SCHERENSCHNITTE der Bewohner. Diese Kunstform reduziert die Darstellung auf die wesentlichen Gesichtszüge der Porträtierten.

GEGENÜBER Ein weiteres Objekt lädt zum Nachdenken und Vergleichen ein: eine DRAHTSKULPTUR aus der Mitte des 20. Jahrhunderts, die wie aufgeregtes Gekritzel in der Luft wirkt. Der Besitzer hielt sich durchweg an eine minimalistische Farbpalette: nur Schwarz, Weiß und ein Hauch von Grün.

©
Mole & Thomas
915 Medinah Bldg.
Chicago, Ill.
Human Statue of Liberty
18,000 Officers and Men
at
Camp Dodge, Des Moines Ia.
Col. Wm. Newman, Commanding
Col. Rush S. Wells, Directing.

DER MAXIMALIST IST EHRGEIZIG. Er sammelt möglichst viele Exemplare eines bestimmten Objekts und schon der schiere Umfang seiner Besitztümer ist verblüffend. Zehntausende sind keine Seltenheit. Dieser Persönlichkeitstyp ist das genaue Gegenteil des Exzeptionalisten, der nur nach entlegenen und seltenen Dingen fandet. Den Maximalisten beschäftigt hingegen die Unendlichkeit, er verfolgt alles, was sich durch endlose Mengen und Varietäten auszeichnet: Postkarten, Speisekarten, Krawatten, Spiegel, Würfel. Bei solchen Sammlungen stellt sich unvermeidlich die Frage: »Wie lange sammeln Sie denn schon?« Es ist eine unglaubliche Leistung, 1500 bedruckte Stoffservietten zusammenzutragen, also praktisch die Geschichte eines Konsumartikels komplett

Die »LEBENDEN PORTRÄTS« der Fotografen Arthur Mole und John Thomas aus dem frühen 20. Jahrhundert zeigen beispielhaft das Interesse des Maximalisten an Sammlerstücken, die an sich schon aus einer Vielzahl bestehen. Ihre berühmte Darstellung der Freiheitsstatue ist eigentlich eine Versammlung von 18 000 Soldaten. Wenn man genau hinsieht, kann man die einzelnen unterscheiden. Am unteren Rand des Fotos ist zu lesen, wie viele Männer beteiligt waren.

zu dokumentieren. Maximalisten stecken sich hohe Ziele. Außer großen Mengen lieben sie auch große *Dinge* wie überdimensionale Möbel, riesige Kamine und gigantische Flaschenimitate, die ursprünglich als Bar- und Schaufensterdekoration verwendet wurden. Besonders glücklich macht sie der Besitz des jeweils größten Exemplars: der allergrößten Keramik-Kuchenplatte, der riesigsten Abdeckkuppel aus geblasenem Glas. Mehr ist auf jeden Fall mehr.

Auch wenn schiere Fülle sein erklärtes Ziel ist, macht der Maximalist doch Unterschiede. Wie andere Sammler folgen Maximalisten selbst auferlegten Regeln, die ihnen Grenzen setzen: sei es eine Preisobergrenze oder eine bestimmte Farbpalette oder die Verehrung für einen Designer oder einen Hersteller. Auch der Zustand ist wichtig. Bei Spielzeug, Krawatten, Büchern oder Ähnlichem ist es üblich, den gleichen Gegenstand immer wieder in besserer Qualität zu kaufen. Allerdings muss nicht alles in der Sammlung des Maximalisten makellos sein: Das Ganze ist mehr als seine Teile.

Das Interesse des Maximalisten kann sich am Anfang auf ein breites Gebiet erstrecken und im Lauf der Zeit beschränken: von Spielkarten im Allgemeinen auf eine bestimmte Art aus dem 19. Jahrhundert. Oder bestimmte Unterkategorien werden bevorzugt: War es anfangs jede Art von Topflappen, sind es schließlich nur noch die selbst gehäkelten, rot-weißen in Hosenform. Maximalisten wissen, dass solche Spitzfindigkeiten absurd sind, aber so bleibt das Leben interessant. (Und Humor gehört dazu.)

Das gegenteilige Szenario ist genauso möglich: Eine Sammlung, die ganz bescheiden angefangen hatte, erweitert sich (manchmal spontan) und wird allumfassend. Sie entwickelt sich etwa von ein paar skandinavischen Dekantern

des 20. Jahrhunderts zu einer Ansammlung von Vintage-Glaswaren aller Art. Die Sammler sagen sich: »Oh, nur noch ein einziges schönes Stück aus weißer Keramik« – und plötzlich wird es der reine Wahnsinn. Maximalisten bringen ständig neue Stücke nach Hause, manchmal auch eine ganze Autoladung. Das ist die Folge ihres Sammeldrangs. Alle Sammler finden Befriedigung darin, einen großartigen Fund an Land zu ziehen, aber der Maximalist ist süchtig nach diesem Moment. (Was wohl der Grund dafür ist, dass er sich so alltägliche Dinge aussucht: Die Erfolgsrate ist hoch.)

Hunderte von Plateau-Spiegeln, eine Bibliothek voller Bücher über die Geschichte des Grafikdesigns: Wenn man mit so vielen gleichen Dingen lebt, dann wird deren Organisation und Präsentation unvermeidlich zu einer Herausforderung. Besonders da Maximalisten ihre Sachen gerne ausstellen und nicht einlagern. Warum sollte man fünfhundert Thermosflaschen besitzen, wenn man sie alle im Keller versteckt? Die häufigste Strategie ist die Anordnung in Schränken, Vitrinen, Regalen oder anderen Gestellen, die die Sammlung durch eine physische Grenze im Zaum halten. Eine andere Möglichkeit ist die der künstlerischen Explosion, bei der sich durch die Sammlung selbst ein Rahmen ergibt: Bücherstapel, die auf dem Boden zur Skulptur werden; weißes Geschirr, das jede Wand in der Küche wie eine Kunstinstallation bedeckt.

Maximalisten gehen ihrem Hobby großzügig nach. Ein Sammler in diesem Kapitel sammelt Kristallvasen, gebrauchte Bücher, südamerikanisches Silber, Parfümflaschen und peruanische Voodoo-Objekte – und das ist erst der Anfang. Für den Maximalisten geht es um die Summe aller Teile.

Die Künstlerin Vera Neumann wurde in den 1950er-Jahren dafür berühmt, dass sie alles von Haushaltswaren bis Sportbekleidung entwarf und mit den für sie typischen fröhlichen Mustern bedruckte. Einer ihrer treuen Fans ist dieser Maximalist, der VERA-SERVIETTEN sammelt – aber von jedem Muster nur eine. Die Muster sind ziemlich unterschiedlich, da Neumann sowohl abstrakte als auch figürliche Darstellungen beherrschte. Außerdem arbeitete sie mit verschiedenen Techniken, zum Beispiel Aquarell oder Papiercollagen.

Das Interesse an antiken Spiegeln ist unter Sammlern verbreitet. Aber besonders der Maximalist weiß zu schätzen, dass sie die Menge der Gegenstände doppelt so groß erscheinen lassen. Bei diesem Sammlungsgegenstand gibt es viele Möglichkeiten sich zu spezialisieren: auf Taschenspiegel, Plateau-Spiegel, Handspiegel, Konvexspiegel und viele andere. Bis zur Mitte des 19. Jahrhunderts, als die Silberbeschichtung entwickelt wurde, bestanden Spiegel aus poliertem Metallblech, das in ein dickes Stück Kristallglas eingeschmolzen wurde.

DIESE SEITE Plateau-Spiegel gehörten im 19. Jahrhundert zur Ausstattung der Speisezimmer. Die Reflektion von Kerzen in deren Oberflächen war eine praktische Deckenbeleuchtung. Auf Plateau-Spiegeln, die Anrichten und Waschtische zierten, stellte man kleine Flaschen und Parfüm. Wenn man sie von Nahem betrachtet, kann man über die GRAVUREN und über die schöne Patina des alten Glases ins Schwärmen geraten. Der Ehrgeiz dieses Sammlers war es, so viele Formen und Muster wie möglich zusammenzutragen, dabei lag sein Schwerpunkt auf klaren, geometrischen Designs.

GEGENÜBER Dieser Maximalist hat sein Badezimmer mit außergewöhnlichen Plateau-Spiegeln ausgestattet, die er auf DÜNNEN LEISTEN dekoriert.

DIE SCHMETTERLINGS-
GELBE WANDFARBE
BRINGT DIE SILBERTÖNE
DER ALTEN SPIEGEL-
RAHMEN AUS NICKEL
GUT ZUR GELTUNG.

Geschirr und WEISSE KERAMIK werden häufig gesammelt. Diese bereits sehr umfangreiche Sammlung nimmt ausgehend von zwei Regalen in der Mitte fast schon die ganze Küche ein – und immer noch ist Platz für ein weiteres Stück.

Ein Architekt in New York hat das Badezimmer seines um das Jahr 1800 gebauten Landhauses mit DUNKEL GERAHMTEN SPIEGELN ausgestattet. Es hat etwas Spielerisch-Absurdes, eine so prächtige Sammlung in einem so kleinen privaten Raum zu präsentieren. Aber es ist durchaus sinnvoll: Viele Spiegel machen den Raum heller und schaffen Ausblicke, wo keine Fenster sind. So entsteht fast die Wirkung eines Lofts.

Ein Pop-Art-Künstler fühlt sich von Sammlerstücken angezogen, die ähnlich frech sind wie er und ein vergleichbar respektloses Verhältnis zur Realität haben. Unter den vielen sonderbaren Dingen, die er sammelt, sind RIESIGE FLASCHEN – manche über einen Meter hoch. Sie wurden ursprünglich als Ausstellungsstücke in Pubs und Schaufenstern verwendet. Passenderweise hat der Maximalist die Flaschen wie auf einer Bar in seinem Esszimmer arrangiert. Im Vergleich mit den normalen Möbelstücken der Wohnung sehen die übergroßen Proportionen besonders witzig aus.

In 25 Jahren kamen über 500 alte THERMOSFLASCHEN aus Metall zusammen und füllen das Loft dieses Maximalisten. Die farbenfrohen Vakuumbehälter stehen in Reih und Glied auf Einbauregalen und werden in ihrer Fülle zu einem dekorativen Element. Die Installation ist auch eine Verbeugung vor einer Zeit, in der offenbar jeder Student und jeder Angestellte mit Suppe in der Thermosflasche unterwegs war.

Arthur Mole und John Thomas schossen ihre Fotos mit einer faltbaren Kamera von Luftschutzbunkern aus. Thomas gab Anweisungen mit dem Megafon, Mole drückte auf den Auslöser. Die Aufnahmen sollten während des Ersten Weltkriegs für amerikanische Kriegsanleihen werben; entsprechend patriotisch sind die Bilder: ein Adler, Uncle Sam, Militärabzeichen, Woodrow Wilsons Profil, Flaggen und ähnliche Motive.

DIESE SEITE Für diese Darstellung der **LIBERTY BELL** (samt dem typischen Riss) arrangierten die Künstler 25 000 Soldaten auf einem Feld beim Camp Dix in New Jersey.

GEGENÜBER Die **ABZÜGE** wurden in verschiedenen Formaten verkauft, von kleinen Postkarten bis zu vierzig mal fünfzig Zentimeter großen Hochglanzfotos. Am Veterans Day wurden die Fotos häufig in amerikanischen Zeitungen abgedruckt. Die Leser schnitten sie aus und rahmten sie ein – das Ergebnis findet man heute in Vintage-Läden.

2200 *Recruits Under Training at*
U. S. NAVAL TRAINING STATION,
GREAT LAKES, ILLINOIS
REAR ADMIRAL, JOHN DOWNES U S NAVY,
COMMANDING OFFICER

VINS BLANCS
VINS ROUGES
THINK
DINK
TANK
DENKE
FIKIR
THINK
AJATTELE
TÆNK
PENSE
SMAOINIGH
DENK
THINK
REFLECHISSEZ
REFLEXIONE
TENK
ΣΚΕΨΟΥ
RIFLETTETE
THINK
ALL ABOARD
WHISTLE

COLLIE
CAVALIER
POINTER
IRISH SETTER
THE LOVE LIFE
OF
THE BEE
OCULIST
OPTICIAN
E
F P
T O Z
L P E D
P E C F D
E D F C Z P
F E L O P Z D
D E F P O T E C
WALL
STREET
CHESSMEN

VORANGEHENDE DOPPELSEITE Ein begeisterter Kunde von Second-Hand-Läden hat über die Jahre Tausende von KRAWATTEN zusammengetragen. 400 stammen vom selben Hersteller: Rooster. Die Krawatten dieser Firma aus Philadelphia, die von den 1950er- bis zu den 1980er-Jahren produziert wurden, waren berühmt für ihre geraden Enden und die bezaubernden Darstellungen verschiedener Berufe. Diese frühen Exemplare aus Baumwolle wurden von Hand in vier Farben bedruckt und erinnern ein bisschen an Andy Warhol.

DIESE SEITE Der Rooster-Fan dekoriert den Großteil seiner Sammlung auf einem Kleiderständer in seinem Schlafzimmer, so dass dieser wie ein farbenfroher »Cousin Itt« aussieht. Es ist schwer, makellose VINTAGE-KRAWATTEN zu finden; meist haben sie Essensflecken oder Fettränder. Das spornt den Maximalisten an, so lange zu suchen, bis er sein Lieblingsmuster in seiner Lieblingsfarbe in neuwertigem Zustand gefunden hat.

GEGENÜBER Dieser Maximalist sammelt alte Modelle GEMUSTERTER HOSEN, meist aus Baumwolle. Die Mehrzahl wurde in den USA zwischen 1960 und 2000 gefertigt, mit Schwerpunkt auf den »Swinging Seventies«. Seine Lieblingsstücke präsentiert er kunstvoll gefaltet in einem Plexiglaskasten neben seinem Gästebett.

WHAT IS DRAGGING ME?
I am unhappy because I am not perfect
I want to be better than everyone else. I want to
be unique and I do not know that I am unique!
I want to be unique by being "better" – this is a
false premise. This feeling keeps me in a state of
tension which I seem to enjoy. As long as I enjoy
this tension, I cannot be creative. Use the
tension instead of enjoying it. Go through the
pain rather than sitting on it for truly
creative productivity.
I have to make a greater effort to take
better care of myself beginning with my body
and my eating habits.
* I don't like where I'm at now (that I'm
not perfect) and instead I want to be there (God
State) now. I don't want to work for this because I
know deep down inside that I never can be God-
like, so, though I don't give up, I never work really
for what I can do – namely MY BEST. And this
way I get into the comparing state which is Death because
as soon as I start to compare myself I loose my
uniqueness. I can only do mine and what is in me
and the more I know myself, this self will then come
out in my work.
BERND UND HILLA BECHER
KÖLNISCHER KUNSTVEREIN

Es gibt Kartensammler, die nur eine Farbe oder Hofkarte, also Herzen oder Asse, Damen oder Buben sammeln. Und dann gibt es solche, die es auf komplette Vintage-Blätter (52 plus Joker) abgesehen haben. Der Maximalist sucht natürlich ganze Blätter. Karten sind eine Sammlerkategorie mit vielen Unterteilungen: handgemachte oder nach Formen sortierte Blätter, kleinere für Kinder oder für die Reise, künstlerisch gestaltete, bei denen die Symbole in ein Bild eingefügt sind.

GEGENÜBER Eine Sammlung von SPIELKARTEN kann zu einer organisatorischen Herausforderung werden. Warum also nicht einen selbst gemachten Wandschirm in Decoupage-Technik mit ihnen verschönern?

DIESE SEITE Spielkarten gibt es in einer Reihe spannender Formate: rund, schräg, oval und so weiter. Außerdem sind die Muster erstaunlich vielfältig: von Bildmotiven bis zu sich wiederholenden Mustern. Dieser Sammler sucht nach verschiedensten Formen und Mustern, aber alle in einem EINZIGEN FARBTON. Wenn sie nicht gerade ausgestellt werden, verstaut er sie in alten Kästchen, die aussehen wie ledergebundene Bücher.

Das Sammeln von TOPFLAPPEN kann zu einer unendlichen Beschäftigung werden, so alltäglich ist dieses Küchenzubehör. Hier erkennt man, wie der Maximalist sich nach und nach einschränkt: Als die Sammlung trotz eines Preislimits von drei Dollar immer umfangreicher wurde, konzentrierte er sich auf handgemachte, dann auf gehäkelte Topflappen und auf die Farben Rot und Weiß und schließlich auf ein einziges Motiv: die kurze Hose.

DIESE SEITE Übertriebene Größen faszinieren diesen Maximalisten – siehe den überdimensionalen METERSTAB. Außerdem sammelt er besondere geometrische Formen aus Holz, Plastik, Metall, Glas und Keramik.

GEGENÜBER Schalen aus Pressglas in verspielten Formen mit dekorativen Rändern. Die Hochzeit dieses Genres war die viktorianische Epoche, als die Presstechnik perfektioniert wurde und komplizierte Entwürfe möglich machte. Dieser Liebhaber sammelt nur KLARGLAS, womit er eine Wand seiner Wohnung vollständig bedeckt. Die Abwesenheit von Farbe – außer einer einzigen Schale in blassgrün – verhindert, dass die Wand zu unruhig wirkt. Da die Schalen gegenüber einem Fenster installiert sind, werfen sie interessante Schatten und man kann deren sonst kaum sichtbare Details bewundern.

GEGENÜBER Ein Flur mit Regalen vom Boden bis zur Decke bildet den organisatorischen Rahmen für eine Sammlung von Büchern über die Geschichte des Grafikdesigns. Der Sammler hat für Bücher über die Designer Alvin Lustig und Paul Rand je ein ganzes Regal vorgesehen. Zusätzlich zu MONOGRAFIEN über ihr Werk sammelt er auch Buchumschläge und andere Objekte, die von ihnen designt wurden.

DIESE SEITE Der Büchernarr lagert seine Schätze auch in HOHEN STAPELN auf dem Boden neben seinem Bett, wo sie ihm als Nachttisch dienen. Der Rest seiner umfangreichen Sammlung ist auf Bücherregalen verstaut – dies sind nur Neuerwerbungen aus dem Second-Hand-Laden, die er gerade liest.

Vintage Bandanas sind seit Kurzem sehr begehrt und Modemarken wie J. Crew oder Ralph Lauren reproduzieren ihre historischen Designs. Clevere Trödelhändler können diese frech gemusterten Quadrate auf Tauschbörsen oder Flohmärkten für fast nichts erstehen und daraus alle möglichen Dinge machen.

Gerahmte und rasterförmig aufgehängte Bandanas lassen einen die Fülle grafischer Muster und Stile bewundern. Unter der Bank ein schickes Hundebett, das aus zwei Bandanas genäht ist.

Eine billige, leichte Tür vom Baumarkt wird zum Hingucker, wenn sie mit einem Patchwork aus altmodischen BANDANAS dekoriert wird. Mit Werkbankfüßen und einer schützenden Oberfläche aus Vinylfolie (an den Kanten nehmen die Nagelköpfe das Muster des Stoffes wieder auf) wird daraus eine brauchbare Arbeitsfläche. Auch der Papierkorb ist mit Bandanas beklebt worden und passt so gut zum Tisch.

Dieser Sammler hat TABAKSDOSEN in unterschiedlichen Stilen und aus unterschiedlichen Materialien und Epochen erworben: Hier finden sich Exemplare mit Schildpatt- und Hornintarsien.

Obwohl dieser Schatz aus fast hundert Stücken besteht, passt er in dieses Sammlerschränckchen, da die Dosen so klein sind, dass sie leicht in einer Westentasche verstaut werden konnten.

Eine Kommode verwandelt sich in ein Kuriositätenkabinett, wenn sie mit VOODOO-SOUVENIRS – die meisten von den Mayas und aus Peru – überhäuft wird. Diese eigenartigen Fetischobjekte in Form von Talismanen zur Abwehr böser Geister geben sicher Anlass für interessante Gespräche.

Dieser Sammler liebt WÜRFEL aller Größen und Farben aus den verschiedensten Materialien wie Bakelit und Acrylharz, oder übergroße aus Holz, Keramik, Metall und mit Vinyl überzogenem Schaumstoff. Die Dekoration ähnelt kontrolliertem Wahnsinn: Die Würfel füllen einen Bücherschrank im Wohnbereich und breiten sich auch noch über den Boden und ein Tischchen aus.

Diese kleineren Sammlerstücke werden in einer Tischvitrine aufbewahrt und haben ein sehr unterschiedliches Design. SPIELSTEINE wurden gern von Amateurhandwerkern – oft Seeleuten – hergestellt. Antike Exemplare sind meist aus Tierknochen oder roh geschnitztem Holz.

WENN ES UM DIE GRÖSSE der von ihnen gesuchten Gegenstände geht, fühlen sich viele Sammler von Extremen angezogen. Die Miniaturisten schwärmen für winzige Dinge: Puppenmöbel und kleine Tabaksdosen, zwergenhafte Taschen und billige Sammelfigürchen. Manchmal hat ihr Drang fast etwas Irrationales. Wie sonst wäre der Enthusiasmus zu erklären, den ansonsten vernünftige Menschen für klitzekleine Ölkanister aufbringen?

Die Verwandlung eines mehr oder weniger alltäglichen Objektes in eine winzige Version seiner selbst hat etwas Zauberhaftes – es wird einfach unwiderstehlich putzig. Und oft kann man die Fingerfertigkeit bei der Herstellung von Miniaturen auch einfach nur bewundern:

Die KALIKO-KNÖPFE AUS KERAMIK, die im frühen 19. Jahrhundert in England hergestellt wurden, erhielten ihren Dekor durch Transferdruck. Die von Stoffen inspirierten Verzierungen sind meist in den Farben Braun, Blau, Grün und einem rötlichen Pink gehalten. Die Knöpfe wurden vor allem für Kinderkleider gefertigt, daher ihre Winzigkeit. Sogar alte Exemplare sind recht leicht zu finden und oft preiswert. Knöpfe zu sammeln, macht also Spaß.

das Vaterunser, geschrieben auf einem Nadelkopf; oder Millimeter dünne Schwalbenschwanzverbindungen in den Schubladen von Puppenstubenmöbeln. Notwendig sind hierfür nicht nur großes Können bei der Berechnung der Größenverhältnisse, sondern auch spezielles Werkzeug.

Den Wunsch des Miniaturisten, kleinste Dinge zu besitzen, kann man vor allem seiner Begeisterung für Fantasiewelten zuschreiben: eine drei Zentimeter hohe Chinoiserie ist ein Kunst- und sicher kein Gebrauchsobjekt. Doch darf man den Pragmatismus dieser Sammler nicht unterschätzen. Die kleinen Kostbarkeiten kann man massenhaft sammeln und leicht verstauen. Fünfzig Reiseschachspiele passen in eine einzige Schublade. Tausend Kaliko-Knöpfe füllen vielleicht eine Schuhschachtel. Miniaturismus ist also ideal für die Bewohner kleiner Häuser und für alle, die über wenig Stauraum verfügen: Ist ein Sammler moderner Stühle zum Umzug in eine Einzimmerwohnung gezwungen, entscheidet er sich vielleicht aus diesem Grund für Miniaturversionen der von ihm begehrten Objekte.

Winzig kleine Schmuckstücke beanspruchen weder den Raum noch die Aufmerksamkeit des Sammlers über die Maßen. Da sich das Chaos leicht eingrenzen lässt, überwältigt die Sammlung das Leben nicht so, wie das bei der Menagerie von Maximalisten manchmal der Fall ist. Sich am Kleinen zu orientieren erlaubt es den Miniaturisten, ihren Zwang zu kontrollieren und – wenn gewünscht – vor der Welt zu verbergen. Muss jeder erfahren, dass man 300 Salzlöffel sein eigen nennt? Viele Menschen lieben es, ihre Passion mit anderen

zu teilen, aber es gibt auch solche, die das Sammeln als rein privates Vergnügen betrachten. Kleinheit ermöglicht Heimlichkeit.

Die Notwendigkeit, sich finanziell einzuschränken, lässt den Sammler zum Miniaturisten werden. Ein Yacht-Modell kann man sich bestimmt eher leisten als das Original; ein Mini-Stuhl kostet nur einen Bruchteil des Originals. Der Miniaturist kann einen ganzen Nachmittag mit nur 25 Euro in der Tasche durch Trödelläden und Flohmärkte bummeln und seine Sammlung durch viele neue Dinge bereichern, die alle in seiner Handtasche Platz haben. (Oder im Handgepäck: Miniaturisten sind häufig Vielflieger.) Die Sammler von antiken Lampen oder alten Teppichklopfern kennen diesen Luxus nicht.

Miniaturisten sind sehr ehrgeizig. Sie streben auf ihrem Gebiet umfassende Vollständigkeit an – von jedem je produzierten Stil einen Knopf. Ihr Ziel ist nicht die Ansammlung von Massen, sondern enzyklopädische Vielfalt.

Ein besonderes Lieblingsthema der Miniaturisten ist die Puppenstube. Für viele Erwachsene bedeutete die Einrichtung dieser kleinen Wohnungen in ihrer Kindheit den Eintritt in die Welt des Designs und des Sammelns. Eine Puppenstube ist geheime Fantasiewelt und Ausdruck der Gefühlswelt ihres Schöpfers: Ein Mikrokosmos der Fantasie und der häuslichen Freuden, die die materielle Welt zu bieten hat.

Knöpfe zu sammeln macht Spaß: Es gibt sie überall, sie sind preiswert und so ziemlich das Kleinste, was man überhaupt sammeln kann. Schauen Sie sich die KNOPFSCHACHTELN bei Nachlassverkäufen an und Sie werden wahrscheinlich ein paar Kostbarkeiten finden. Hier ist eine ganze Geschichte der Materialtechnik ausgebreitet: Knöpfe aus Emaille, Perlmutt, Metall, bedruckter Keramik und Bakelit.

RÜHRSCHÜSSELN wie diese aufeinandergestapelten gelben aus dem frühen 20. Jahrhundert gehörten damals in die Küche jedes amerikanischen Farmhauses. Für Sammler sind die größten und die kleinsten am wertvollsten. Die kleinsten hatten die Größe einer Tasse und wurden oft als Messbecher genutzt.

Wegen ihrer geringen Größe ist es eine Herausforderung, Miniaturen zu präsentieren. In normal dimensionierten Wohnungen wirken sie etwas verloren. Hier sieht man MINI-MÖBEL im Stil der 1970er-Jahre in einer alten Bäckertheke, aus der die Ablageplatten entfernt wurden – eine witzige Mischung aus traditioneller Puppenstube und modernem Glashaus.

DIESE SEITE Diese Ansammlung von BÜROKLAMMERN wirkt wie ein Feuerwerk unendlicher Varianten: Es gibt so viele Möglichkeiten, zwei Papierblätter aneinanderzuheften. Die Sammlung umfasst Beispiele aus der ganzen Welt in vielen Formen, von der vertrauten länglich-ovalen über die Eulen- und Schmetterlingsklammern bis zu figürlichen Motiven.

GEGENÜBER Diese Menagerie aus alten Klammermodellen ist auf weißem Papier in Reih und Glied gebracht worden. Wahrscheinlich handelt es sich um einen WARENPROSPEKT, mit dem ein Verkäufer seine Kunden über die Artikel seiner Firma informierte.

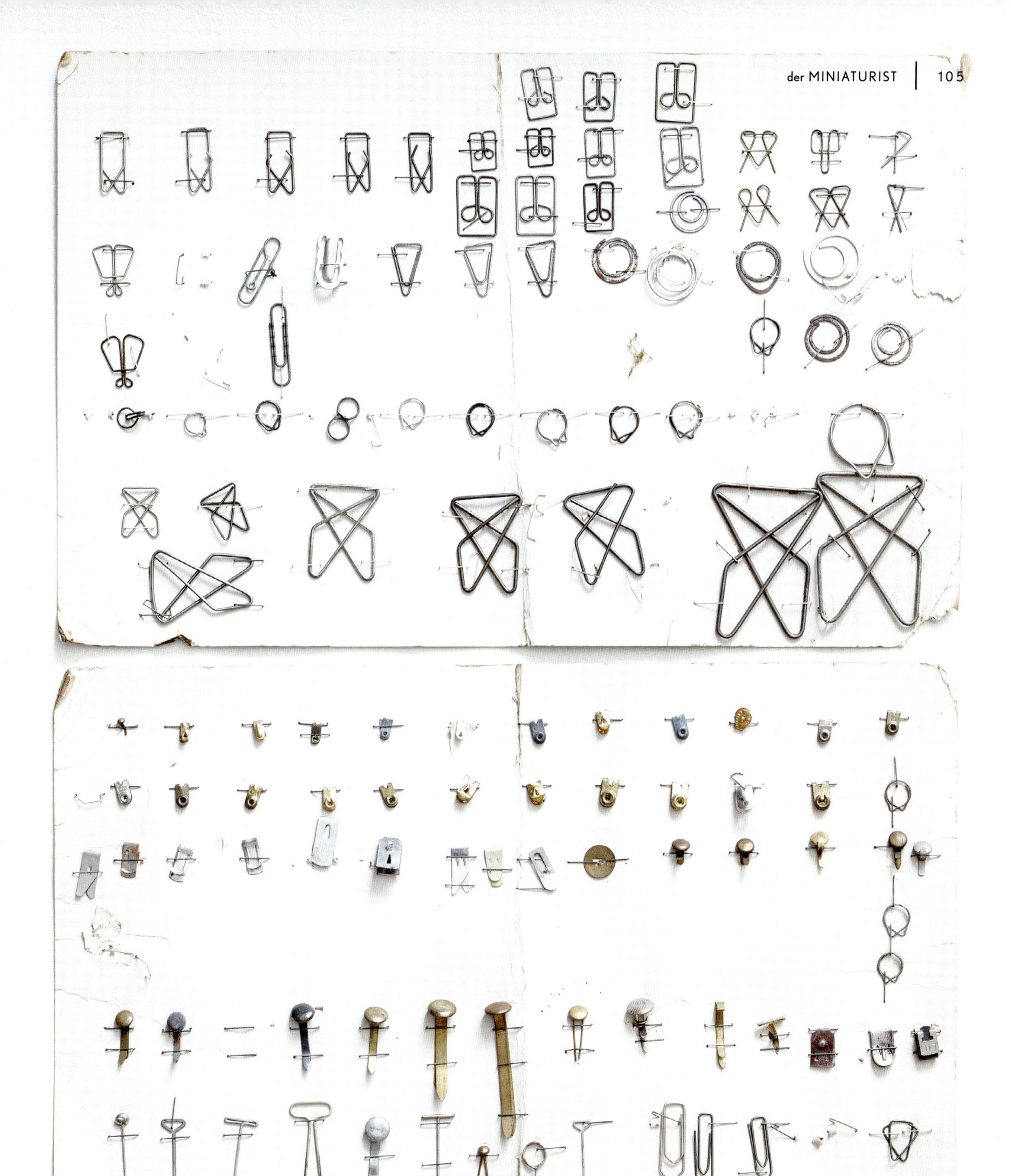

GEGENÜBER Eine Parade von KRÜGLEIN ist auf dem Fenstersims einer Küche aufgereiht – einem idealen Ort für kleine Kuriositäten. Im Vergleich mit den Krügen in Originalgröße wirken sie besonders niedlich. Obwohl die Sammlung handwerkliche Arbeiten aus der ganzen Welt umfasst – zum Beispiel Glas aus dem Mittelmeerraum und südamerikanische Keramik –, passt sie dennoch in eine Schuhschachtel.

DIESE SEITE Minikrüge stehen auf einem WINZIGEN TISCH (ursprünglich das Minimodell eines reisenden Händlers), darunter ein Sahnekännchen. Die Gefäße aus rotem Steingut, glasierter Keramik und Glas wurden für Puppenstuben oder als Sammlerobjekte hergestellt. Einen so kleinen Glaskrug zu blasen, ist eine handwerkliche Meisterleistung.

VERBANNEN SIE BESONDERE LÖFFEL NICHT IN DIE BESTECKSCHUBLADE! EINE GROSSE FLACHE SCHALE WIE DIESE ZINNPLATTE IST EIN HERVORRAGENDER PRÄSENTIERTELLER UND ERZEUGT EINEN BESONDERS SCHÖN WIRKENDEN METALL-AUF-METALL-EFFEKT.

GEGENÜBER Viele dieser winzigen Löffel wurden für SALZSCHÄLCHEN angefertigt. Wie Zucker war auch Salz im 18. Jahrhundert extrem teuer. Im Haushalt wurde es unter Verschluss gehalten, damit sich die Dienerschaft nicht daran bediente. Die Reichen servierten es in einer großen Schüssel als Zeichen des Überflusses. Im 19. Jahrhundert, als Gewürze eher verfügbar und die Essensrituale strenger waren, erhielt jeder Gast beim Abendessen sein eigenes Salzfässchen zusammen mit einem zierlichen Löffel.

DIESE SEITE Briefmarken sammeln ist die Passion vieler Miniaturisten, diese Sammlung jedoch hat Seltenheitswert. Im späten 19. Jahrhundert gab die neuseeländische Post eine Serie Briefmarken heraus, deren Rückseite mit LEBENSMITTELWERBUNG BEDRUCKT war: Poneke Tafelgelee, Crease's Löwenzahn-Kaffee-Kur. Sie waren damals sehr unbeliebt, da die Briefmarken durch die Druckfarben der Werbung schlechter klebten. Außerdem gefiel es den Konsumenten nicht, mit Werbung bombardiert zu werden.

In der Mitte des 19. Jahrhunderts begnügte man sich nicht damit, Kunst an einem ordinären Nagel aufzuhängen. Wie alles andere in der viktorianischen Epoche wurden auch alltägliche Dinge ausgeschmückt. Ein dekorativer BILDERNAGEL war der letzte Schrei. Als wäre er selber Wandschmuck, war er verziert mit Edelsteinen, Bändern oder Quasten. In die gleiche Kategorie gehören Vorhangkordeln und Spiegelhaken oder Spiegelknöpfe. Diese Sammlung ist doppelt witzig: Gerahmte Bildernägel sind aufgehängt an … Bildernägeln.

Jede Näherin hatte früher in ihrem Nähzeug ein selbst gemachtes NADELKISSEN, viele davon in Form eines Insekts oder einer Frucht. Meistens waren das Tomaten, zusammen mit einem Nadelschärfer in Erdbeerform.

KENNETT, BOOKSELLER, 14, York Street, COVENT GARDEN
LAW PUBLISHERS, BOOKSELLERS & EXPORTERS
STEVENS AND HAYNES, BELL YARD, TEMPLE BAR, LONDON
RYAN, BOOKSELLER, 339, Oxford Street
Sold by G. CAWTHORN, British Library, 132 Strand
T. D. THOMSON, Bookseller, 13 Upper King Street
E & F. N. SPON, 16 Bucklersbury, LONDON
R. RYAN, BOOKSELLER
ALEX. KENNEDY
Stationer
KENNETT, BOOKSELLER, 59, Gt Queen Street, LINCOLN'S INN FIELDS.
DORRELL & SON
Booksellers, Stationers
BAIN, Bookseller, 1, HAYMARKET.
C. H. BENSBERG
WILLIAM WESLEY, Bookseller & Publisher, 28, Essex Street, Strand, LONDON.
BOUGHT OF E. STIBBS. BOOKSELLER 331, STRAND.
H. BAILLIERE, Foreign Bookseller, & PUBLISHER, 219, Regent Street
ANDERSON & CHASE, Booksellers & Stationers, 40, West Smithfield, LONDON. Medical Circulating Library
JOHN GREEN, Importer of AMERICAN BOOKS, 121, Newgate Street, LONDON.
BOUGHT AT THE TOWER OF BABEL
ARCADE
W. DAVALL, Bookbinder

BOUND BY WESTLEYS & CLARK. LONDON.
BOUND BY WESTLEYS & Co FRIAR STREET. LONDON.
BOUND BY WESTLEY, SON, AND JARVIS, LONDON.
J. WILTON BINDER
BOUND BY REMNANT & EDMONDS LONDON
BOUND BY EDMONDS & REMNANTS LONDON
BOUND BY LEIGHTON SON AND HODGE
J. H. GILL, Book-binder
KEATING & HILLON, Printers and Bookbinders, 11, Water Lane, Mark Lane, London. E.C.
W. BONE & SON
W. GREENING Binder 183 FLEET STREET
BOUND BY LEWIS, 9, GOUGH SQ.
BOUND BY RICHMOND & SON 17, SKINNER STREET LONDON. E.C.
BOUND BY BONE & SON. 76, FLEET STREET. LONDON.
BOUND BY LEIGHTON SON & HODGE SHOE LANE
BOUND BY BURN, HATTON GARDEN

GEGENÜBER Diese Sammlung von englischen BUCHHÄNDLER-ETIKETTEN des 18. und 19. Jahrhunderts ist nach Städten geordnet. In fast jeder Buchhandlung gab es solche Etiketten mit eigenem Logo, die in Bücher eingeklebt oder auf Verpackungen angebracht wurden.

DIESE SEITE Indianische Stämme aus dem Nordosten der USA fertigten komplizierte FLECHTARBEITEN für den Touristenmarkt, so auch diese Handarbeitsutensilien: winzige Körbchen für Knöpfe, Nadelköcher, Nadelkissen und Scherenetuis. Das Flechten von so kleinen Korbgegenständen war extrem schwierig.

Heutzutage erhält man eher selten ein Dokument mit Wachssiegel, aber vom Mittelalter bis zum Ende des 19. Jahrhunderts war diese Form der »Besiegelung« gang und gäbe. Die Siegel waren zu hübsch zum Wegwerfen und wurden oft aufgehoben. Die Motive reichten von Kameen und Monogrammen bis zu Kartuschen und Wappen und das Wachs gab es in allen Farben des Regenbogens.

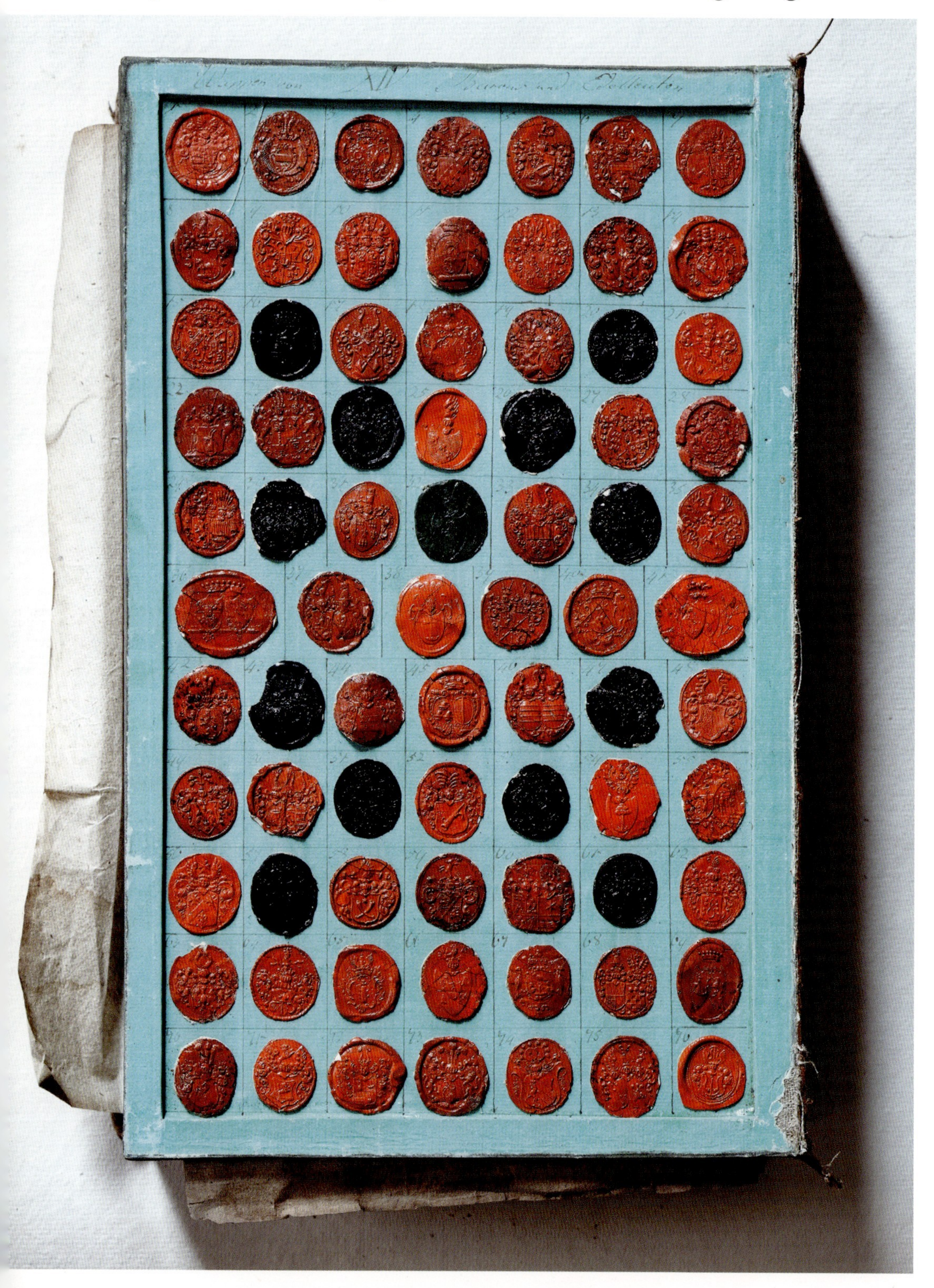

Die ehrgeizigen Kenner kaufen oft schon existierende Sammlungen ihrer Lieblingsobjekte und profitieren so von der Arbeit vorheriger Generationen. In dieser Sammlung von WACHSSIEGELN befindet sich ein kompletter Band, der vor einem Jahrhundert von einem einzigen Sammler zusammengestellt wurde. Tatsächlich wäre es heute unmöglich, eine solche Sammlung anzulegen, da es einfach keine Siegel mehr gibt. Selbst wenn man eines auf einem alten Dokument fände, wäre es zu brüchig, um es zu entfernen.

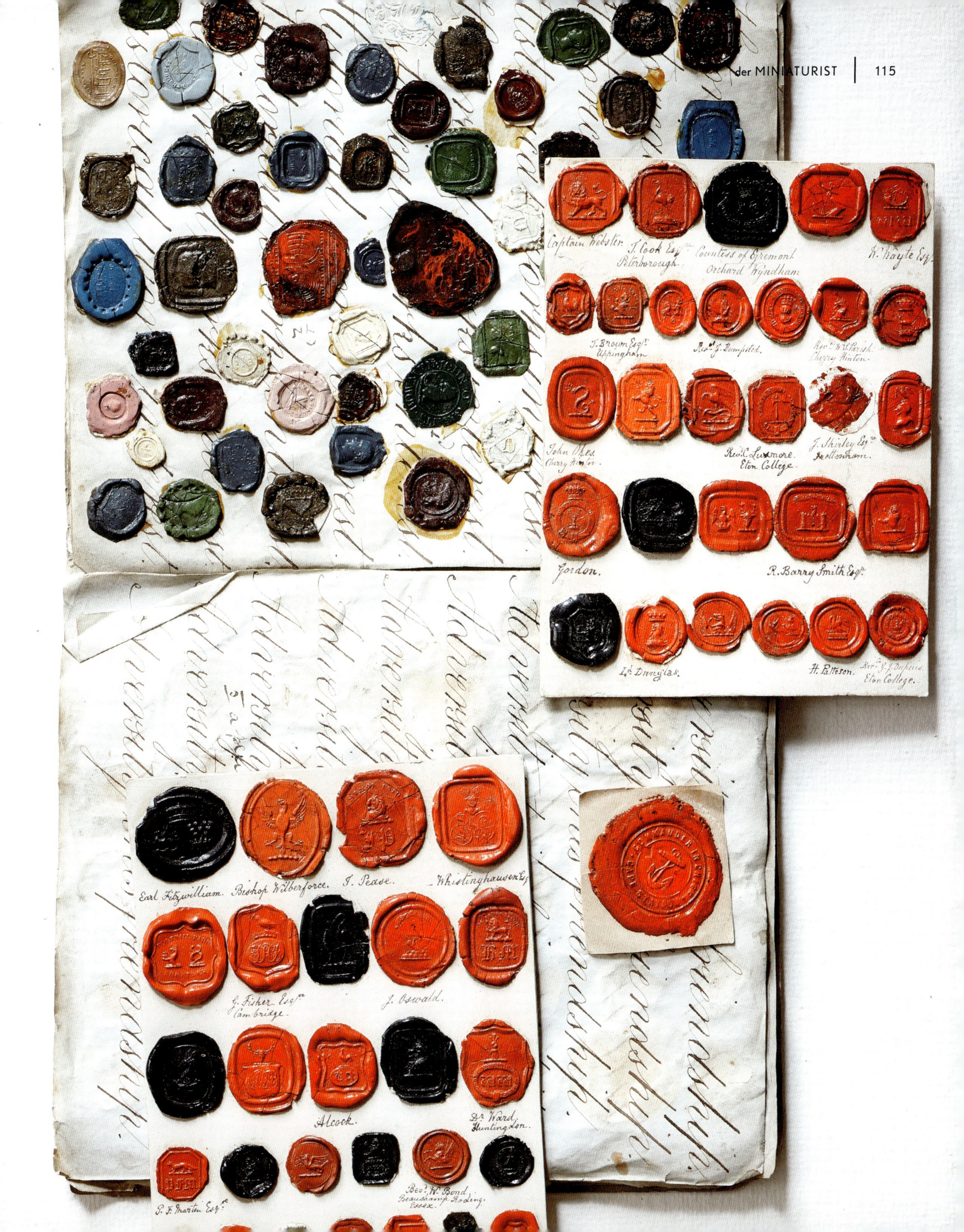
Captain Webster.
J. Cook Esqre Peterborough.
Countess of Egremont Orchard Wyndham
W. Wayte Esq.
T. Brown Esqr Uppingham.
Revd J. Dumpster.
Revd W. Parish Cherry Hinton.
John Okes Cherry Hinton.
Revd C. Luxmore. Eton College.
J. Shirley Esqre
Gordon.
R. Barry Smith Esqr.
Ld Dunglas.
H. Patteson.
Revd J. J. Dupuis Eton College.
Earl Fitzwilliam.
Bishop Wilberforce.
J. Pease.
Whistinghausen Esq.
G. Fisher Esqre Cambridge.
J. Oswald.
Alcock.
Dr Ward Huntingdon.
P. F. Martin Esqre
Revd W. Bond Beauchamp Roding. Essex.

GEGENÜBER Diese Kollektion von Schampus-Stühlchen, die aus AGRAFFEN geformt wurden, zeigt, wie selbst solche Hinterlassenschaften noch zu größtem Einfallsreichtum inspirieren können. Diese zierlichen Gebilde wurden alle von Joanne Tinker, einer zeitgenössischen Künstlerin in London, gefertigt und in einem passend winzigen Regal präsentiert.

DIESE SEITE Diese Sammlerin bindet billige SAMMELFIGÜRCHEN zu üppigen Halsketten. Sie hat Tausende davon. Die aus den 1920er- und 1930er-Jahren sind am gesuchtesten, da sie sehr detailgenau aus Metall und nicht aus Plastik geformt wurden.

Dieser Miniaturist sammelte früher große Stühle, aber da diese seine Einzimmerwohnung bald verstopften, musste sich etwas ändern. Jetzt sammelt er MINIATURMODELLE (ebenso wie winzige Tische). Ihm haben es insbesondere selbst gemachte Möbel angetan, bei denen die Größenverhältnisse nicht immer ganz stimmen. Sie wurden meist aus Eiskremstielen und Zigarrenkisten gefertigt.

Eine gute Alternative zur traditionellen Puppenstube: Die kleinen Möbel bilden einen putzigen Tischschmuck und die Bücherstapel, auf denen sie stehen, werden zu Podesten.

Nachdem die Besitzerin dieses schottische Arts-and-Crafts-Puppenhaus aus dem frühen 20. Jahrhundert geerbt hatte, restaurierte sie es liebevoll und richtete es in zeittypischem Stil wieder ein. Das Cottage ist nun bis unters Dach mit Ausstattungsgegenständen angefüllt – und damit eine Entsprechung zur Wohnung der Sammlerin.

DIESE SEITE Das Dach des Arts-and-Crafts-Cottages ist mit HOLZSCHINDELN gedeckt. Die Eigentümerin hatte es renoviert und das elektrische System modernisiert – wie bei der Renovierung eines echten Hauses.

GEGENÜBER Man muss zweimal hinsehen, um zu erkennen, dass dies eine PUPPENKÜCHE ist. Sie wurde mit vielen fantasievollen und realistischen Details ausgestattet: eine dekorative Servierplatte an der Wand, offene Kochbücher und eine Flasche mit Kräuteröl.

SQUARE
HARTLEYS

Noch eine Alternative zur Puppenstube: Dieselbe Sammlerin besitzt ein minutiös restauriertes und ausgestattetes Modell eines Kajütbootes aus den 1920er-Jahren. Sie nennt es ihr »GATSBY PICKNICK-BOOT«. Auf dem Deck ist ein Picknick mit Fruchtcocktail und einem Teller mit Russischen Eiern detailliert inszeniert.

Das KAJÜTBOOT hat mit ungefähr 140 Zentimetern Länge die Größe eines Puppenhauses. Modellboote gibt es auf dem Vintage-Markt zwar häufig, die meisten sind allerdings Jachten.

MAN BRAUCHT KEINE BESONDEREN MÖBEL ZUR PRÄSENTATION GELIEBTER SAMMLERSTÜCKE – EINE KOMMODE TUT ES AUCH.

Coffee
Flour
ALASKA

Berühmt ist das Stettheimer Puppenhaus, das zur ständigen Ausstellung des städtischen Museums New York gehört. Diese auf zwei Stockwerken und zwölf Zimmern inszenierte Fantasiewelt wurde zwischen 1916 und 1935 von der exzentrischen Erbin Carrie Stettheimer gestaltet. Sie und ihre beiden Schwestern gehörten zur Avantgarde der Stadt und beauftragten ihre Künstlerfreunde mit Werken für das Haus. Unter anderen Meisterstücken finden sich kubistische Malereien, ein Akt von Gaston Lachaise und eine Skulptur von Alexander Archipenko.

Das Puppenhaus erhielt die Gestalt eines STADTHAUSES mit einer Loggia voller Kunstwerke, Arbeitsräumen sowie einer Speisekammer und einer Waschküche und war sogar mit einem Aufzug ausgestattet. In dieser Miniatur-Fantasiewelt ging es mehr um das Zauberhafte und die Kunst, weniger um die Wiedergabe eines zeitlich bestimmten Einrichtungsstils – was bei den meisten Puppenhäusern der Fall war.

ALL★STAR
ONE★STAR

DA KOLORISTEN NACH Farbnuancen sammeln, leben sie in farbengesättigter Pracht. Sie fühlen sich von bestimmten Schattierungen oder Farbkombinationen angezogen. Im Unterschied zu anderen Sammlern kümmern sich Koloristen nicht um Wert, Alter und Einzigartigkeit. Sie interessieren sich eher für die Summe der Teile, die Wirkung des Ganzen, den Schauder, den ihnen ein Regal mit lauter roten Büchern verursacht. Im Einzelnen mögen die Stücke ihrer Sammlung nicht so ansprechend sein, aber zusammen betrachtet, nach Farben geordnet, haben sie eine dramatisch-chromatische Wirkung. Farben sind das Hauptmotiv des Sammlers und seines Dekorationsstils. Sie sorgen auch dafür, dass er sich bei der Auswahl seiner Objekte beschränkt.

Es gibt Sammler, die sich nur für eine einzige Farbe begeistern. Andere sammeln ein einziges Objekt in jeder erdenklichen Farbvariation – zum Beispiel diese Chucks von CONVERSE ALL STARS. Die Wirkung von Farbe ist so stark, dass farbige Sneaker in einem Schrank wie eine Kunstinstallation wirken können.

Der am häufigsten anzutreffende Kolorist sammelt unterschiedliche Objekte in einem einzigen Farbton: alles in Grün, *alles in Pink!* Dieser ist unter Umständen sehr speziell – so wenn er nur einer einzelnen Karte des Pantone-Fächers zuzuordnen ist – oder es ist ein ganzes Farbspektrum. Die Welt dieser Sammler ist eine Ton-in-Ton-Fantasie, ihr Interieur ist ein Wald aus Grün oder ein Meer aus Himmelblau und Weiß und reicht vom Sofakissen bis zu chinesischen Porzellandosen. Einige Koloristen suchen nach kühneren Kombinationen wie zum Beispiel Orange und Violett oder Rot und Schwarz und setzen diese konsequent in allen Räumen um. Das sorgt für ein sehr einheitliches (wenn auch ein bisschen totalitäres) Gesamtbild.

Andere Sammler neigen zu einem Lieblingston bei bestimmten Objekten: beispielsweise zitronengelbe Schreibmaschinen oder leuchtend rote Tischtücher. Diese Sammler präsentieren ihre Besitztümer wie Kunstinstallationen: Sie statten eine Vitrine mit lavendelfarbenen Dekantern aus oder akzentuieren einen Sitzbereich mit roten Lackobjekten. Ein dritter Sammlertyp sammelt bestimmte Gegenstände in einem fröhlichen Farbenspektrum – oft etwas Alltägliches wie Sneakers oder Stricknadeln. Sie gruppieren Dinge nach Farben getrennt oder in fröhlicher Buntheit.

Farbe ruft starke Assoziationen hervor. Rot verrät Leidenschaft, Gelb bedeutet Wahnsinn. Und Rot plus Gelb regt den Appetit an, daher deren Beliebtheit für Tischware. Solche Konnotationen beeinflussen die persönlichen Farbvorlieben oft genauso wie das regionale Klima. So ist der Himmel in England – vom Sommer abgesehen – eher grau, und darum gibt es dort eine Vorliebe für Neonfarben. Die gleiche Palette ist in der Karibik aus dem entgegengesetzten Grund vorherrschend: Das ganze Jahr über ist das Wetter so sonnig, dass weniger gesättigte Farben ausgewaschen wirken. In Skandinavien setzt man auf weiße und pastellige Töne, die zusammen mit Metallschimmer das wenige Sonnenlicht verstärken sollen.

In der Vergangenheit waren bestimmte Farbstoffe so selten, dass sie höher gestellten sozialen Schichten vorbehalten waren: Purpurfarbene Roben wurden zum Statussymbol der deutschen Kaiser. Das aus Lapislazuli hergestellte Blau war so kostbar, dass es in den Bildern der alten Meister nur zur Darstellung ganz besonderer Motive verwendet wurde. Sammlerobjekte werden dann besonders kostbar, wenn selten eingesetzte

Rohstoffe zu einem außergewöhnlichen Farbreiz führen, wie bei den Goldrubingläsern des 19. Jahrhunderts.

Die Reinheit und der Reichtum der Farben in Vintage-Objekten sind bis heute unübertroffen, vor allem bei Massenprodukten. Früher entstand die Färbung durch natürliche Prozesse; die Farbe wurde aus Pflanzen und Mineralien extrahiert (viele davon sind inzwischen selten oder ausgestorben). Im Unterschied dazu werden moderne Farben im Labor hergestellt und besitzen eine geringere Präsenz. Der Charakter und die Verarbeitung eines Materials – glänzend oder matt, durchsichtig oder nicht – beeinflusst die Farbwahrnehmung stark. Das Rot des Goldrubinglases strahlt anders als das des roten Pyrexglases. Blau getöntes Metall und blau gefärbte Textilien wirken ganz unterschiedlich. Darum haben Koloristen oft nicht nur eine Neigung zu einer bestimmten Farbnuance, sondern konzentrieren sich auch auf ein bestimmtes Material.

Aus den folgenden inspirierenden Sammlungen kann man auf vielerlei Weise lernen. Sie zeigen, auf wie viele Arten man Farben für die Innenausstattung nutzbar machen kann: Man kann Zusammenhänge oder harmonische Arrangements herstellen. Farbe hat zwar große historische und symbolische Bedeutung, aber sie kann auch rein ästhetischen Zwecken dienen: erhellen, beruhigen, beleben, besänftigen, entzücken und gefallen.

Leuchtend bunte Objekte wirken auf Koloristen anziehend. Zum Beispiel diese SAFTGLÄSER, ursprünglich Verkaufsbehälter für saure Sahne. Nach der Weltwirtschaftskrise lockten Lebensmittelproduzenten die Käufer mit hübschen Verpackungen. Zu der Zeit wurden Milchprodukte überwiegend lokal produziert. Zwar verwendeten die meisten Produzenten Standardgläser, aber die größeren konnten sich besondere Farben und Muster leisten – daher die Vielfalt, die es heute gibt.

Diese Sammlerin konzentriert sich auf Primärfarben und gängige Farben wie Karibikblau und Orange. Wichtiger Teil ihres polychromen Schatzes ist modernes skandinavisches EMAILLEGESCHIRR, darunter dänische Kaffeekannen sowie Platten und Schüsseln mit dem Lotusmuster des norwegischen Produzenten Cathrineholm. Die alten Modelle stammen ausschließlich aus Wohlfahrtsläden und anderen budgetfreundlichen Quellen – was die Suche nach diesen zunehmend beliebten Gegenständen nicht einfacher machte.

DIESE SEITE Karminrote GIESSKANNEN rahmen ein Fenster mit Blick auf den Garten. Die muntere Farbe gibt der Küche eine fröhliche Note – und dem nützlichen Gegenstand etwas Fantasievolles.

GEGENÜBER Farben verwandeln das Alltägliche in etwas Magisches. Nach Farbtönen sortiert wirkt diese Sammlung von STRICKNADELN gleich viel edler.

GEGENÜBER Viele Koloristen begeistern sich für den Zauber von Emaille, einem Material, das in vielen Ländern seit Jahrhunderten in einer Unzahl von Farbtönen produziert wird. Dieser Sammler hat einen Blick für emaillierte KAFFEEKANNEN in Feuerwehr-Rot – seien sie antik oder modern. Sie wurden alle aus Stahl gefertigt und mit Emaille überzogen, so dass die besondere Farbwirkung auf Dauer erhalten bleibt.

DIESE SEITE Die große Anzahl an emaillierten Objekten in dieser Sammlung soll ausgestellt und nicht versteckt werden. TÖPFE UND PFANNEN an den Wänden bilden einen schönen dekorativen Akzent. Und obwohl konventionell eher leichte und neutrale Töne als Hintergrund für starkfarbige Sammlungen angeraten werden, erweist sich hier eine raffiniertere Strategie als sinnvoll: Das kräftige Dunkelgrün bildet einen starken Kontrast zum Rot und mäßigt gleichzeitig dessen Intensität.

Das Heim des Architekten Walter Gropius in Lincoln, Massachusetts, war ein Paradestück des modernen Bauhaus-Designs. Die dramatische Wirkung entsteht durch markante Formen, während die Farben vor allem aus neutralen und erdigen Tönen bestehen. Die rote Farbe belebt den FRISIERTISCH von Gropius' Ehefrau Ise, auf dem sich Mitbringsel von den Weltreisen des Paares befinden.

DIESE SEITE Opalglas ist undurchsichtig, wodurch die Farben eine viel größere Intensität haben als bei durchsichtigen Gläsern. Die Farbtöne wirken rein und klar. OPALGLAS war schwierig herzustellen und wurde daher auch nur von etwa 1800 bis 1890 in Frankreich produziert.

GEGENÜBER Dieser Design-Experte zog in eine modernistische Wohnung der 1960er-Jahre in einem Hochhaus von Morris Lapidus in Miami und beschloss, die Einrichtung in ZEITTYPISCHER WEISE zu gestalten. In der Küche erhielt er die Originalgeräte sowie die Bodenkacheln mit Nelkendekor, strich die Wände in typischem Sixties-Türkis und rundete das Ganze mit Eero-Saarinen-Möbeln und passendem Geschirr ab.

TRUDE HELLER AND G. KEYS
PRESENT
the supremes
PHILHARMONIC
WORLD'S FAIR
SONY

MATRATZENDRILLICH gibt es meist in den Farbkombinationen Weiß mit Blau oder Rot (in den 1960er-Jahren allerdings auch mit limonengrünen, orangefarbenen oder gelben Streifen). Der Stoff lässt sich gut färben und ist daher ideal für Handarbeitsprojekte. Obwohl er sich im Neuzustand wie Segeltuch anfühlt, wird er mit der Zeit weicher und ist dann perfekt für Quilts und Kissenbezüge.

Das Sammeln von Porzellan hatte im 19. Jahrhundert seine Blütezeit und Landschaften gehörten zu den beliebtesten Motiven. Die Käufer behandelten diese Stücke wie Gemälde, wie ein Fenster zu weit entfernten Orten und Zeiten – je exotischer, umso besser, denn Reisemöglichkeiten gab es in dieser Zeit noch wenige.

Auch vertikale Flächen kann man zur Präsentation von Sammlungen nutzen – und zwar nicht nur Wände, wie hier zu sehen ist. Eine Zusammenstellung von blau-weißen Keramiken – unter anderem jahrhundertealte Seestücke auf DELFTER KACHELN und Chinoiserie-Schalen mit Landschaftsbildern – sorgt für eine antiquarische Atmosphäre.

Diese Auswahl honigfarbener Objekte wird in einem streng quadratischen Regal ausgestellt. Stylisten arbeiten besonders gern mit FARBBLÖCKEN, um einen Raum zu definieren. Koloristen können so eine besonders wirkungsvolle und leicht zu erzeugende optische Ordnung herstellen.

Dieser Sammler verliebte sich in die Muster- und Farbenvielfalt der Tassen für den täglichen CAFÉ AU LAIT. Bisher hat er 150 Stück erworben, die meisten davon bei eBay Frankreich oder europäischen Märkten.

DIESE SEITE Manche Geschirr-Experten richten ihre Aufmerksamkeit auf einen bestimmten Hersteller wie Sèvres oder Meißen, andere auf ein Lieblingsmotiv wie Früchte, Pflanzen oder Landschaften – und Koloristen konzentrieren sich auf die Farbpalette. Diese GRISAILLE-SZENEN werden auf Tellerständern oder an der Wand wie Kunstwerke präsentiert und kontrastieren mit dem rosa Mauerputz.

GEGENÜBER Im frühen 19. Jahrhundert und wieder ein Jahrhundert später wurde im englischen Sunderland festliche KERAMIK MIT METALLGLASUR hergestellt, hier in marmorähnlichem Pastellrosa. Die Farbe entsteht durch Chemikalien in der Glasur, die bei niedrigen Brenntemperaturen rosa werden und bei höheren eine Kupferfarbe annehmen.

Diese ganz unterschiedlichen GLASGEFÄSSE vermitteln einen guten Überblick über die Geschichte der Glastechniken und -formen von Einmachgläsern bis zu Aquarien. Glas wird aus Mineralien und dem am Ort verfügbaren Sand zusammengeschmolzen. Dementsprechend variiert die Farbe etwas – abhängig vom Herstellungsort. Russisches Glas hat eine gelbe Färbung, solches aus New Jersey eine hellblaue. Glas wurde auf der ganzen Welt hergestellt, aber die größten Meister waren englische, böhmische und irische Handwerker, von denen viele im Laufe der Jahrhunderte nach Amerika emigrierten.

ÜBERGROSSE GLASGEFÄSSE BRINGEN FARBE UND LICHT IN EINEN RAUM.

GLYSOLID
OPERA
Airbus
SICHERUNGEN

GEGENÜBER Extrem wird es, wenn ein Kolorist selbst den banalsten Krimskrams in einem bestimmten Farbton sammelt. Dieses weiße Loft erhält Akzente durch FLECKEN VON KARMIN. Ein ganzes Regal mit dem unterschiedlichsten Schnickschnack ist in der gleichen Farbe gehalten.

DIESE SEITE Die sanftere Seite des Karmins: TÜRKISCH-ROTE TEXTILIEN. Die Farbe entsteht durch einen aufwendigen Färbeprozess, der aus dem Nahen Osten stammt. Die Tücher – typischerweise Tischtücher mit Bordüren – wurden auf einem Damast-Webstuhl hergestellt, bei dem auf der Rückseite eine Negativ-Version des Musters entsteht. Quilts, Decken, Schals und andere Textilien erzeugen im Raum einen starken Farbeindruck, egal ob auf einem Tisch oder Bett ausgebreitet oder zusammengelegt auf Sofas und Stühlen.

Diese hübschen Vorratsbehälter aus PYREX kann man immer noch für einen Spottpreis auf eBay finden. Man kann sie vom Ofen auf den Tisch und in den Kühlschrank stellen. Das sehr haltbare Borosilikatglas wurde 1915 von Corning erfunden. Aber erst 1947 begann die Firma, die feuerfesten Formen in Farbe herzustellen, ersetzte dabei Borosilikat durch Natronkalk (wodurch sie stabiler wurden) und verschmolz Farbe mit weißem Milchglas. In ihrer besten Zeit wurden diese Glasschüsseln in fünfzehn Farben hergestellt.

Bakelit wurde in den 1980er-Jahren zu einem begehrten Sammlerobjekt. Das frühe Plastik wurde aus Phenolharz hergestellt und außer für den industriellen Bedarf auch für Schmuck und dekorative Elemente verwendet. BESTECK MIT BAKELIT-GRIFFEN gab es überall und in kräftigen Farben oder mit farblich kontrastierenden Intarsienmustern. Die polychromen Versionen sind für Bakelit-Liebhaber das Nonplusultra. Kinderbestecke haben putzige Bilder von Katzen oder Hunden und sind besonders schwer zu finden.

FARBE WIRKT AUF DAS UNTERBEWUSSTSEIN, SIE RUFT KINDLICHE ERINNERUNGEN AN DIE GLÜCKLICHE ZEIT IN EINEM BONBONLADEN WACH. DIE FÄRBUNGEN UND MUSTER DES BAKELITS ERINNERN TATSÄCHLICH AN SÜSSE LUTSCHER.

WÄHREND KOLORISTEN sich mit fröhlichen kontrastierenden Farben umgeben, bevorzugen Neutralisten die optische Ruhe von gedeckten Tönen. Der Kolorist sehnt sich nach Anregung, der Neutralist nach Ruhe. Leuchtenden Farben und starken Farbunterschieden eher abgeneigt stattet er sein Heim in beruhigenden Cremefarben, ausgewaschenen Weißtönen oder Abstufungen von Grau und Braun aus.

Die Sehnsucht des Neutralisten nach gedämpften Farben zeigt sich auf zweierlei Weise. Er sammelt schwach gefärbte Objekte, die oft aus natürlichen Materialien wie Ton oder Metall bestehen. Dazu gehören Milchglas, gedrechselte Pfeffermühlen, modernes Porzellan aus der Mitte des 20. Jahrhunderts und Steinzeug-Krüge – Dinge, deren Oberfläche mit der

---

Wer westdeutsche Keramik aus der Mitte des 20. Jahrhunderts sammelt, sucht meist nach glasierten Gefäßen in leuchtendem Orange oder Rot. Diese weißen Wunder aus Porzellan stammen aus derselben Zeit – eine Meditation über Form und Struktur.

Zeit nachdunkelt oder verblasst. Neutralisten haben ein gutes Auge für Patina und lieben Alterszeichen wie abblätternde Farbe, Metalle mit Grünspan und sonnengebleichtes Leinen.

Des Weiteren folgt die Herangehensweise dieses Sammlertyps seinen Vorlieben bei der Präsentation. Ein Potpourri gedämpfter Oberflächen – Grastapeten, grau-beige Polstermöbel, nackte Betonböden – schafft eine ruhigere Umgebung, in der der Neutralist mit einer größeren Anzahl von ungewöhnlicheren Objekten leben kann. Selbst ein völlig vollgestopfter Raum erscheint nie unruhig, wenn alles weiß ist. Zusätzlich erlaubt eine blass wirkende Umgebung, die Aufmerksamkeit auf die Form der Ausstattungsobjekte zu konzentrieren – alles sieht hier skulptural aus. Die komplizierte Flechtkunst indianischer Körbe, die Wölbungen in kupfernen Back- und Puddingformen – solche Details springen ins Auge, wenn dieses nicht von starken Farben abgelenkt wird.

Die Farbbeschränkung unterstreicht auch die Unterschiede zwischen fast identischen Objekten. Ein Set von Platten aus Steinzeug, von denen jede durch Alterung eine etwas andere Cremefarbe angenommen hat, wirkt auf seine Weise bunt. Bei einer Gruppe von Zinnkrügen kann man die bei jedem Stück unterschiedliche Musterung und Intensität der Flecken vergleichen.

Diese neutrale Art des Sammelns und Dekorierens hat Tradition, ist aber auch modisch. Zu den berühmten Neutralisten gehören die Skandinavier, besonders die der klassizistischen Epoche im letzten Drittel des 18. Jahrhunderts, und die nordamerikanischen Shaker. In den letzten Jahrzehnten sind Ton-in-Ton-Wirkungen zum vorrangigen Stilmittel des Interiordesigns geworden. Früher entschied sich der typische Antiquitätensammler für kühne Farben und kontrastreiche Zusammenstellungen: Glänzende Mahagonimöbel in Kontrast zu strahlendem Hellblau oder Gelb, in Wechselwirkung mit der leuchtenden Farbgebung eines Perserteppichs und dem rubinroten Glasaccessoire. Wie eine kühle, beruhigende Brise kam dann aus Paris und Antwerpen in den 1980er-Jahren eine Ästhetik der kreidigen Oberflächen, blassen Leinenstoffe, alten Hölzer und der eigentlich für den Außenbereich vorgesehenen verzinkten Gartenmöbel. Die Begeisterung für farbneutrale Räume übertrug sich auf Sammler, die sich Dingen wie unbemaltem Steinzeug und basaltgrauem Wedgewood-Porzellan zuwendeten.

Es ist wichtig, zwischen monochrom und monoton zu unterscheiden. Ein neutraler Entwurf ist – wenn er mit leichter Hand und nuanciert ausgeführt wurde – alles andere als eintönig. Selbst eine reduzierte Farbpalette bietet genug Raum für optische Variationen. Kontrast kann durch gegensätzliche Oberflächenstrukturen entstehen: aus einem klugen Spiel zwischen glänzend und matt, ruhig und gefleckt, rau geschliffen und seidig. Für die unterschiedlichsten Sammlertypen kann eine neutrale Palette die ideale Strategie sein, weil sie Dinge verbindet und neue Arrangements erleichtert. Durch Einsatz von neutralen Farben werden Sammlungsstücke vor einer ruhigen Folie präsentiert. Solche Farben können unser ganzes Lebensgefühl beruhigen – eine durchaus bemerkenswerte Wirkung.

GEGENÜBER Dieses dünne, mundgeblasene BRISTOL-GLAS wurde zuerst im 19. Jahrhundert in England produziert. Es war halb durchsichtig. Während das Opalglas oft in sanften Pastelltönen hergestellt wurde, hatte Bristol-Glas eher gedämpfte Farben. Es war meist mit Emaille, Bemalung oder Vergoldung geschmückt, die im Lauf der Zeit verblassten. Um ein dezenteres Aussehen gemäß dem gerade herrschenden Geschmack zu erreichen, entfernten Sammler (und Händler) oftmals die Dekore.

DIESE SEITE Weiß-auf-Weiß wirkt erholsam und durch interessante Strukturen auch nicht allzu uniform. Eine Sammlung gequilteter und ABGESTEPPTER BETTÜBERWÜRFE wurde hier in diverse dekorative Elemente verwandelt: Tischtücher, Lampenschirme, dekorative Boxen und sogar eine Wandbespannung.

Vintage-Körbe bringen eine erdige Note in jedes Interieur. Diese Kollektion geflochtener Fantasien wurde von indianischstämmigen Handwerkern gefertigt. Manche Stämme wie etwa die Penobscot stellten ein bestimmtes Korbmodell für den eigenen Gebrauch her und gaben diesem für die Touristenmärkte ein aufwendigeres Design.

GRASTAPETEN UND VERWITTERTE HOLZOBERFLÄCHEN VERSTÄRKEN DIE BERUHIGENDE WIRKUNG DER STRUKTUREN.

GEGENÜBER Indianische Korbdesigns waren fantasievoll, sogar bildhaft. Hier imitieren geflochtene SCHLAUFEN und ZUGESCHNITTENE SPÄNE die Samen und den Stängel einer Erdbeere. Die Körbe waren oft mit leuchtenden Farben bemalt oder gefärbt, die im Lauf der Zeit verblassten. Manchmal öffnet man einen Deckel und entdeckt darunter die Originalfarbe.

DIESE SEITE Die kleinen Holzstühle und -tische, die den Korbwaren als Sockel dienen, spiegeln die warmen, beigebraunen Töne der NATURFASERN. Wenn sie so eng zusammenstehen, kann man die Flechtmuster und Formen der Körbe gut vergleichen.

Der englische Begriff DRABWARE, der die monochrome Farbgebung und nicht einen bestimmten Keramiktyp meint, ist eigentlich eine Fehlbezeichnung: In der englischen Keramik des 19. Jahrhunderts gibt es neutrale Töne, die sehr lebendig wirken: von kamel- und strohfarben über grün zu graubraun. Diese Steingutkrüge verleihen einem Esszimmer mit ihrem gleichmäßigen, matten Farbton eine zurückhaltende, aber faszinierende Wirkung.

FAST POETISCH WIRKT DIE PATINA DIESER INSZENIERUNG: GEBRAUCHTE KRÜGE, DIE VERWITTERTE ANRICHTE UND DIE VERPUTZTE WAND SIND IN MALERISCHER WEISE AUSGEBLICHEN.

Diese Tabletts dienten zum Trocknen von Früchten und Samen und wurden hier in einer Küche zu einer klaren Komposition vereint. Verzinkter Stahl altert schön und oxidiert mit der Zeit zu MALERISCHEN GRAUTÖNEN. Das praktische und stabile Material wurde in Gefängnissen, Krankenhäusern und an anderen Orten, wo es auf Haltbarkeit ankam, für Serviertabletts verwendet.

Obwohl sie wie typische Tuschzeichnungen aussehen, wurden diese Grisaille-Werke auf Marmorstaub gezeichnet. Dazu wurde eine Pappfläche mit Kleber bestrichen und darauf eine Lage Marmorstaub gestreut. Nachdem die Oberfläche getrocknet war, zeichnete der Künstler mit Kohle darauf. Der Sammler stellt hier zahlreiche Variationen der gleichen Landschaftsszene aus.

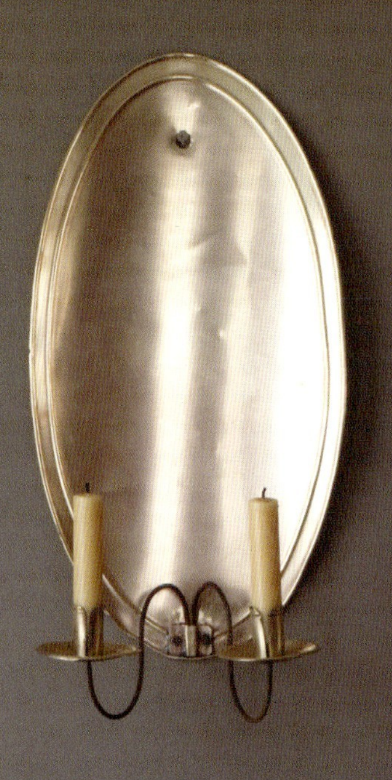

Dieses Esstischensemble hat die geheimnisvolle Ausstrahlung und Farbgebung eines Gemäldes von Vermeer. Vor der gedeckten Wandfarbe heben sich rosige Metalltöne ab: eine kupferne Wandleuchte, eine Kompottschüssel aus Messing, englisches Geschirr aus dem 19. Jahrhundert und zwei Messingstühle aus den 1960er-Jahren von Gio Ponti.

MAN KANN EINE SAMMLUNG VON METALLOBJEKTEN IN EINE DUNKLE, MATTE UMGEBUNG SETZEN UND DAMIT EINEN SPIELERISCHEN KONTRAST ZWISCHEN WEICHHEIT UND GLANZ ERREICHEN. ODER DIE GEGENTEILIGE WIRKUNG ANSTREBEN: GLANZ MIT GLANZ KOMBINIEREN.

Kupferne Kuchenformen sind praktische Küchengeräte, die sorgfältig präsentiert wie Skulpturen aussehen können – oder wie stilisierte Hochzeitstorten. ALTE EXEMPLARE SOLCHER BACKFORMEN, von denen es eine riesige Auswahl gibt, sind begehrte Sammlerstücke. Kupferausführungen waren auch früher sehr begehrt und oft befindet sich auf ihnen ein Monogramm mit Familienwappen oder eine Nummer, die ihren Platz im Kücheninventar bezeichnet.

Die Ausstrahlung begrenzter Farbpaletten kann je nach Inszenierung sehr unterschiedlich sein. WEISSTÖNE und VERWITTERTES HOLZ können sowohl erdig als auch ätherisch wirken. Zusammen mit abstrakter Kunst und glänzendem Metall sorgen sie hier für einen luxuriösen Eindruck.

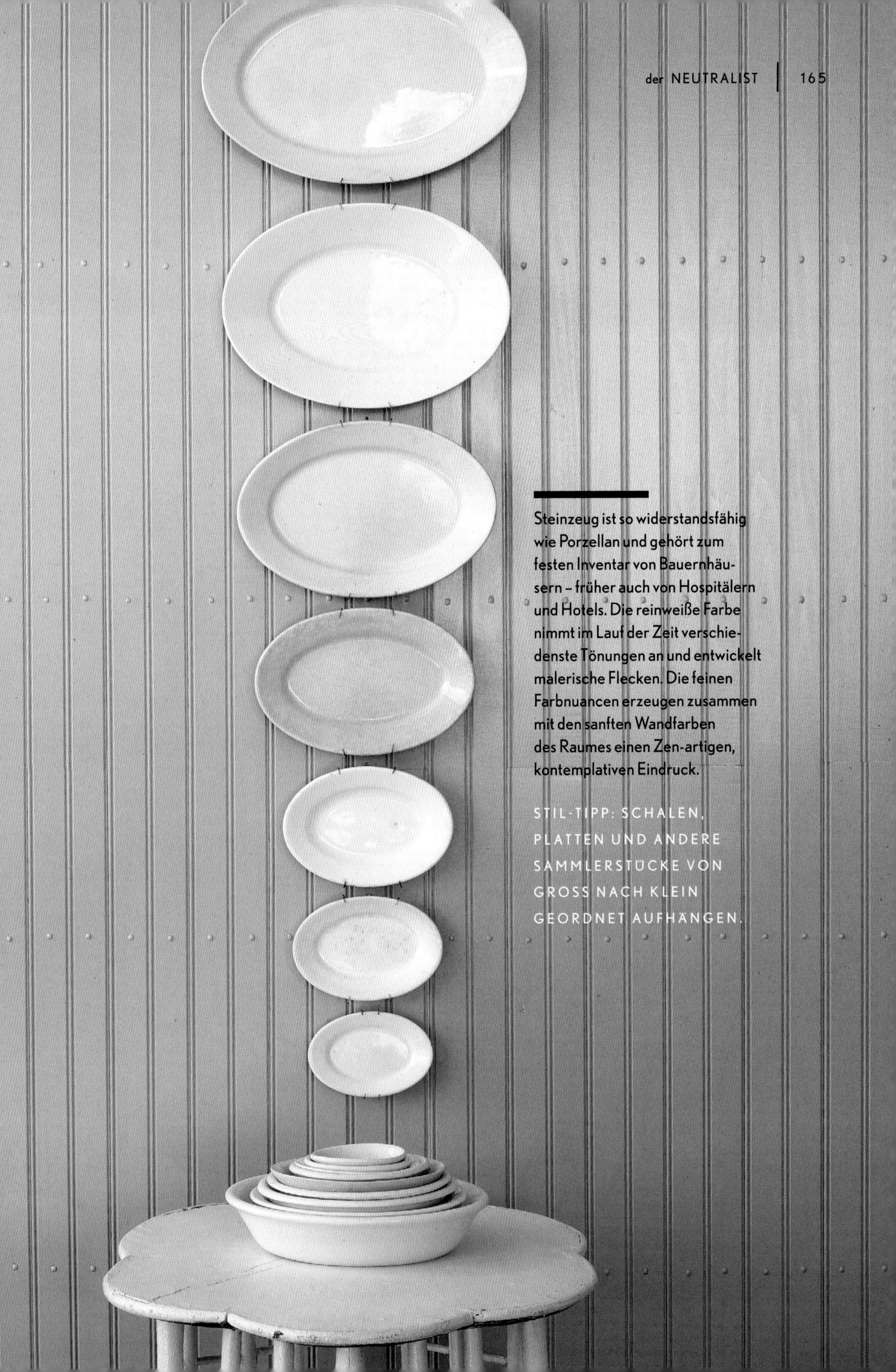

Steinzeug ist so widerstandsfähig wie Porzellan und gehört zum festen Inventar von Bauernhäusern – früher auch von Hospitälern und Hotels. Die reinweiße Farbe nimmt im Lauf der Zeit verschiedenste Tönungen an und entwickelt malerische Flecken. Die feinen Farbnuancen erzeugen zusammen mit den sanften Wandfarben des Raumes einen Zen-artigen, kontemplativen Eindruck.

STIL-TIPP: SCHALEN, PLATTEN UND ANDERE SAMMLERSTÜCKE VON GROSS NACH KLEIN GEORDNET AUFHÄNGEN.

GEGENÜBER Dieses Sammlerehepaar ist unter anderem auf Kaffee- und Teekannen aus WEDGWOOD-BASALT fixiert, die sie hier wie Kunstobjekte auf ihrem Sofatisch inszeniert haben. Die Wirkung des matten Schwarz der Töpferware wird unterstützt durch die neutrale Umgebung: kohlefarbene Sofas, elfenbeinfarbene Wände und Hölzer in Goldtönen.

DIESE SEITE Wedgwood produzierte das tintenschwarze STEINZEUG zum ersten Mal 1786. Die Färbung entsteht während des Brennprozesses: Mangan wird zu braunem Ton hinzugefügt und durch die Hitze schwarz.

Dieser Sammler und Autor verfasste ein Buch über moderne Pfeffermühlen. An einer Wand seines Hauses sind Werke des dänischen Industriedesigners Jens Quistgaard, der für die amerikanische Firma Dansk Designs gedrechselte PFEFFERMÜHLEN AUS TEAK entwickelte, wie Reliquien inszeniert. Sie waren Mitte des 20. Jahrhunderts überall zu haben und brachten die dänische Moderne einem amerikanischen Publikum nahe.

DIESE SEITE Sofakissen sind leicht herzustellen und machen Spaß. Alte Stoffe lassen sich so wunderbar zu neuem Leben erwecken. Dieser Sammler durchsuchte das Internet nach VINTAGE-SCHALS von Norell, Vera und anderen Labels – alle in Schwarz-Weiß. Die zu übergroßen Kissen vernähten Schals wirken wie Skulpturen.

GEGENÜBER Wenn man ein Kissen mit achtzig Zentimetern Seitenlänge neu kauft, kann das teuer werden. SELBST GEMACHTE SOFAKISSEN aus alten Schals kosten wenig und so bleibt genügend Geld im Portemonnaie, um auf einem neuen Sammlungsgebiet zu investieren.

DIESER SAMMLERTYP schwärmt für veraltete Technologien und mechanische Objekte: von antiken Wanduhren bis zu frühen Filmkameras oder Geräten aus den 1960er-Jahren. Seine Welt ist ein Museum technischer Spielereien der Vergangenheit. Er stattet ein komplettes Wandregal mit Art-Déco-Toastern aus oder wäre bereit, seine Auffahrt mit Vintage-Sportwagen zuzuparken. Im Gegensatz zu Sammlern, die nach kostbaren Stücken aus Kristall und Porzellan suchen, lieben Techniksammler haltbare, nützliche Gegenstände, die deutliche Gebrauchsspuren tragen.

Ihre Liebe zu antiquierten Geräten bedeutet Rebellion gegen unseren hoch technisierten Lebensstil. Viele Techniksammler sind urbane Hipster, die gern Schallplatten anhören,

Scheren gehören für diesen Sammler zu den faszinierendsten Gegenständen. Die SCHERENFORMEN variieren, je nachdem ob sie zum Schneidern, zur Schafschur oder zum Schneiden von Papier eingesetzt werden. In dieser Sammlung findet man Nähscheren (die in Vogelform), eine Spielzeugschere (die kleinste) und zahlreiche Büroscheren.

Modeinspirationen in Omas Kleiderschrank suchen und mit Biofleisch und Biotomaten kochen. Neueste Technologien faszinieren sie im Gegensatz zu früheren Erfindungen wenig. Sie erforschen lieber die überholte Technik einer alten Registrierkasse. Wenn der Techniksammler sein Heim mit Aluminiumrohrmöbeln ausstattet, lebt er damit zwar so etwas wie das utopische Versprechen des Industrialismus aus, verweigert sich aber gleichzeitig der extrem schnelllebigen Kultur, die daraus entstanden ist. Er ist in etwa das Sammleräquivalent zur Slow-Food-Bewegung.

Obwohl sich ihre Leidenschaft auch auf Werkzeuge wie Hammer und Messer erstreckt, deren Grundform sich seit Jahrtausenden nicht verändert hat, suchen Techniksammler hauptsächlich nach Kuriositäten des Industriezeitalters: elektrischen Bügeleisen, manuellen Schreibmaschinen, unmodernen Telefonen. Für die meisten Menschen bedeutet »Fabrikdesign« so viel wie Vereinheitlichung. Aber tatsächlich begünstigte die Massenproduktion stilistische Vielfalt genauso wie es die regionalen Unterschiede der Heimarbeit taten. Man denke nur an die sich ständig verändernden Kameramodelle, von den professionellen über die Polaroids bis zu den Digitalkameras. Der Kleiderbügel ist auch so ein Haushaltsgegenstand, dessen Herstellung während der Weltwirtschaftskrise große Kreativität freisetzte. Jeder, der in Amerika schnell reich werden wollte, bemühte sich um ein Patent für sein eigenes Design – und dabei wurde das Rad nicht nur einmal neu erfunden.

Um Metall geht es bei den meisten dieser Objekte, sei es in gefräster, geprägter oder geschmiedeter Form. Viele Techniksammler suchen nicht nach einem Produkt, sondern nach einem Material: verzinktem Stahl, Gusseisen, Stahldraht. Sie haben ein Auge dafür, wie Oberflächen patinieren, dunkler werden, rosten oder Grünspanflecken entwickeln. Sie schätzen alle Zeichen von übermäßigem Gebrauch wie Dellen, Beulen und Kratzer. Sie interessieren sich nicht für makellose Oberflächen oder weiche Formen, sondern schätzen Metall auch ohne Verzierungen. Diese Sammler konzentrieren sich auf die praktische Funktion, sie lehnen die Verantwortung, die mit dem Sammeln von fragilem Kunsthandwerk verbunden ist, ab. Beruhigenderweise kann man Hammer und Plätteisen ja kaum zerstören.

Diese Unzerstörbarkeit ist auch ein Grund für den neuen Trend, industrielle Artefakte bei der Innenausstattung einzusetzen. Altertümliche Gepäckkulis und Eiswagen sind die neuen Sofatische, ein stillgelegtes Taufbecken dient als Pflanzkübel. Die neue Vorliebe für unverzierte Oberflächen ist auch ein Zeichen für die wachsende Wertschätzung von Authentizität. Der Techniksammler sieht die Schönheit der Objekte in der Ehrlichkeit der Rohmaterialien und darin, wie sie altern und sich durch den Gebrauch entwickeln. Dampfmaschine revisited – könnte man sagen.

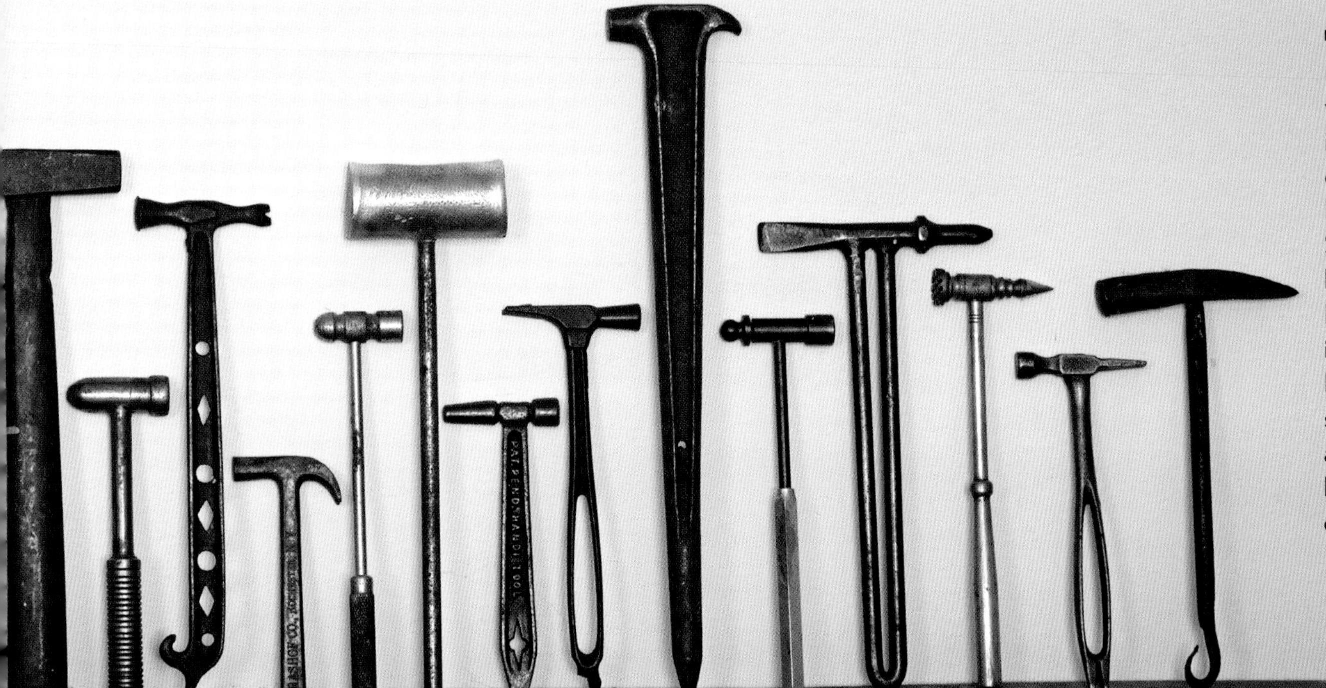

Es gibt unendliche viele verschiedene Hämmer, ihre Formen variieren entsprechend ihrer Funktion: Kohle brechen, Schuhe beschlagen, Fleisch klopfen, Möbel polstern, Nüsse knacken oder Nägel in eine Wand schlagen. In dieser Sammlung sind sowohl gewerbliche als auch in Heimarbeit hergestellte Exemplare enthalten.

Die Verzinkung wurde im 19. Jahrhundert als haltbarere Alternative zu Weißblech weiterentwickelt. Die Beschichtung machte das Objekt rostfrei und damit langlebiger, besonders dann, wenn das Material extremem Wetter ausgesetzt war. VERZINKTER STAHL konnte durch Abspritzen sterilisiert werden. Entsprechend groß waren die Möglichkeiten der Verwendung: von Getränkekisten und Wäschereigeräten bis zu Kehrichtschaufeln.

UP-TO-DATE WASHBOARD
Manufactured by
BROWN OIL CAN CO.
TOLEDO O.

DIESE SEITE Diese Sammlung von fabrikgefertigten Vintage-HOCKERN zeigt, welche unterschiedlichen Funktionen dieses nützliche Sitzmöbel haben konnte. Manche Formen waren sehr raffiniert, so etwa zusammenklappbare, tragbare Modelle und solche, die man als Stufenleiter in der Küche oder beim Einsteigen in einen Zug benutzen konnte. Arzthocker waren aus hygienischen Gründen emailliert, während Bürostühle aus Bequemlichkeitsgründen über gepolsterte Ledersitze verfügten. Melkschemel wiederum sind klein und niedrig.

GEGENÜBER Faltbare REISEKLEIDERBÜGEL gleichen oft absurd komplizierten und dabei wackeligen Vorrichtungen, bei denen man an mittelalterliche Foltergeräte denken muss. Naive Erfinder suchten nach patentierbaren (und massenmarkttauglichen) Designs: daher die große Vielfalt. Oft wurden sie als Dreierpack im Lederbeutel verkauft – ideal für lange Reisen im Zug oder Schiff.

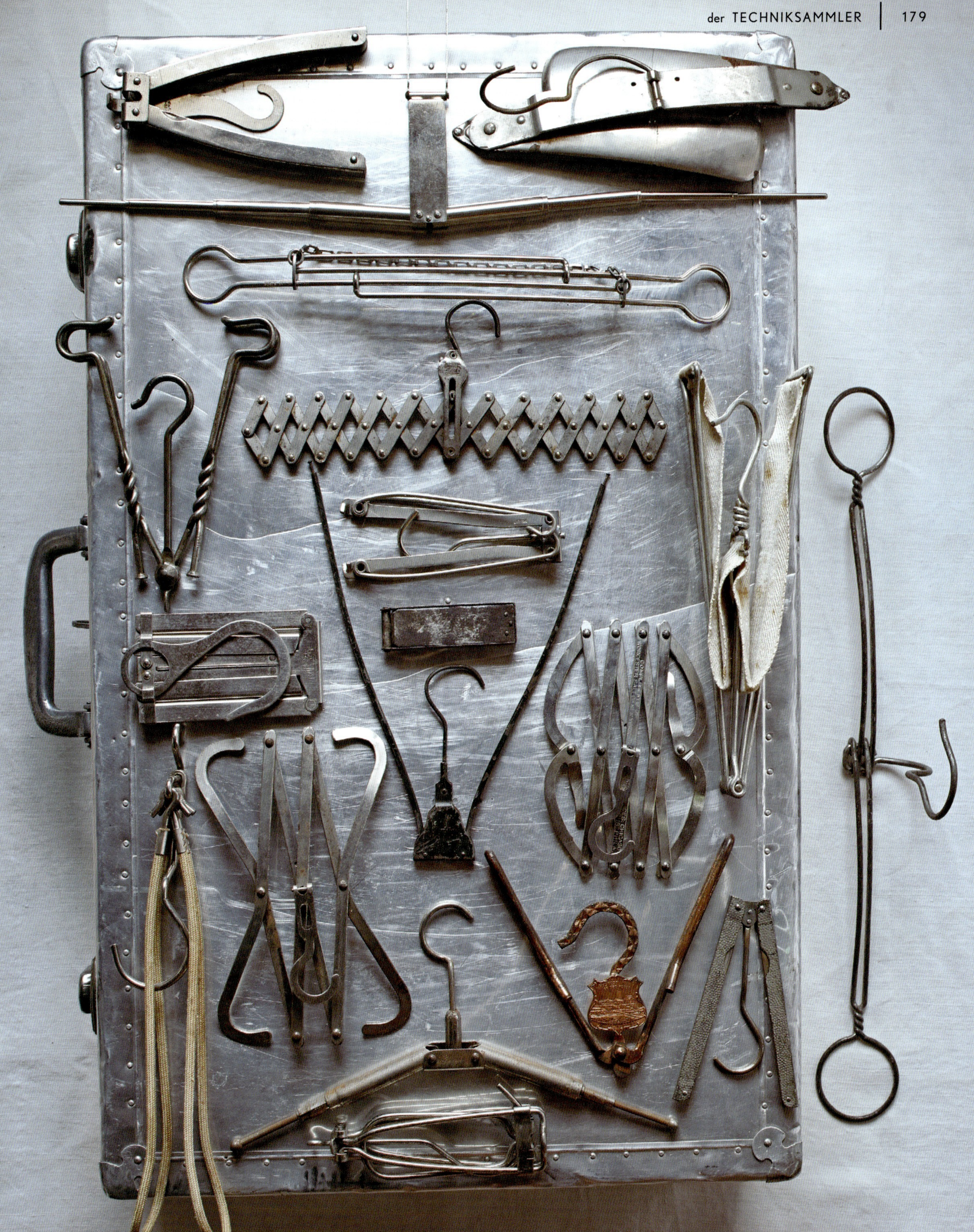

Reisebügel sind wahre Konstruktionswunder, aber auch normale KLEIDERBÜGEL konnten interessante Formen annehmen. Sie unterschieden sich je nachdem, welches Kleidungsstück – Mäntel, Kleider, Hosen – sie tragen sollten. Gefertigt wurden sie aus Holz oder Plastik, Schmiede- oder Gusseisen. Es gab eigenartige aufblasbare Bügel und fantasievollere Versionen, die aus Bambus, geschnitztem Holz, Seide oder Acrylglas bestehen – oder kuschelig umhäkelt. Diese Sammlung konzentriert sich auf Exemplare aus Holz und Metall vom Ende des 19. bis Mitte des 20. Jahrhunderts. Die winzigen waren für Kinderkleidung gedacht.

Das Design von Essbesteck für den häuslichen Gebrauch unterschied sich je nach Region und hing von den örtlichen Techniken und den verfügbaren Materialien ab. In den amerikanischen Farmgegenden wurden Tierknochen bevorzugt, anderswo normalerweise Holz. Da die Form der Funktion folgte, gab es viele unterschiedliche Stile. Die Nieten, durch die das STAHL-BESTECK zusammengehalten wird, boten den Herstellern die Gelegenheit, eine dekorative oder charakteristische Signatur anzubringen. Herzen und Sterne als Motiv sind besonders selten und geschätzt.

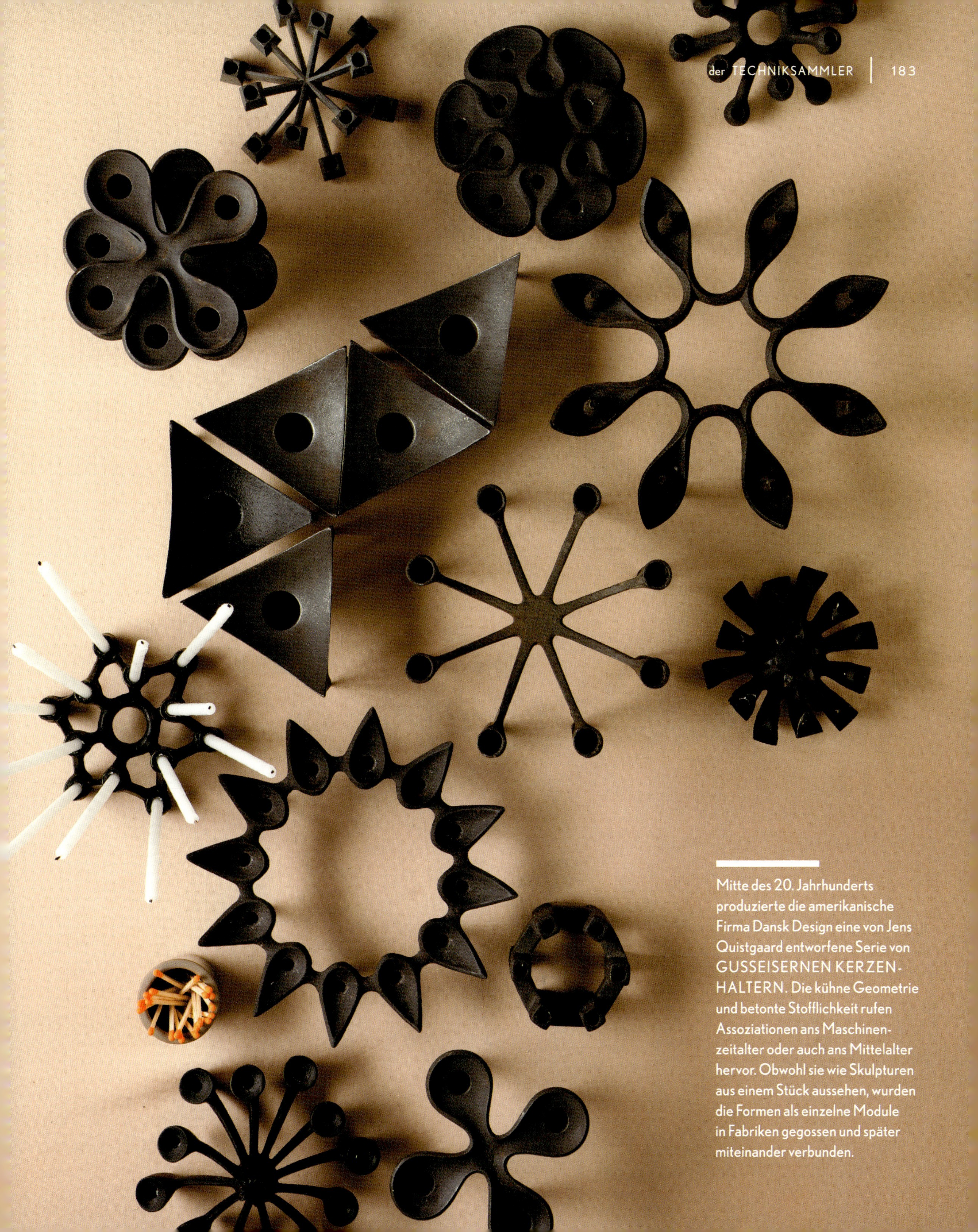

Mitte des 20. Jahrhunderts produzierte die amerikanische Firma Dansk Design eine von Jens Quistgaard entworfene Serie von GUSSEISERNEN KERZENHALTERN. Die kühne Geometrie und betonte Stofflichkeit rufen Assoziationen ans Maschinenzeitalter oder auch ans Mittelalter hervor. Obwohl sie wie Skulpturen aus einem Stück aussehen, wurden die Formen als einzelne Module in Fabriken gegossen und später miteinander verbunden.

GEGENÜBER Ein ganzer Raum im Museum Guatelli im italienischen Parma ist dieser komplizierten Installation aus handgefertigten Holz- und Metall-Werkzeugen gewidmet. Das frühere Wohnhaus des Sammlers Ettore Guatelli beherbergt 60 000 Objekte aus dem Arbeitsleben. Dazu gehören unter anderem Wanduhren, Gepäck und sogar alte Schuhe. Die aufwendige Installation variiert eine beliebte Praxis in mittelalterlichen Burgen, wo Waffen (Äxte, Schwerter, Musketen) in ähnlich dynamischer Zusammenstellung als Symbol für die Stärke des Herrschers ausgestellt wurden.

DIESE SEITE Was aussieht wie verrückte Linien an der Wand, ist eine Kollektion alter TEPPICHKLOPFER. Alle hatten den Zweck, Staub aus Textilien zu klopfen, aber die Hersteller entwickelten viele kreative Formen. Manche sind fantasievoll, andere funktional. Größe und Form variierten, je nachdem ob der Klopfer für Vorhänge, Kissen, Matratzen oder eben Teppiche gedacht war. Viele Teppichklopfer waren aus Metalldraht, aber es gab auch welche aus Weide und Rattan. Oft ist auf den langen Holzgriffen der Name eines Geschäftes eingekerbt oder aufgestempelt; solche Exemplare waren höchstwahrscheinlich Zugaben beim Kauf von Türmatten.

GEGENÜBER Ein Architekt und seine Frau, eine Künstlerin, sammeln alle möglichen Kreationen aus der Mitte des 20. Jahrhunderts, so auch METALL-ASCHENBECHER des Industriedesigners Ben Seibel aus den 1960er-Jahren. Die länglich-gerundeten Formen, viele davon aus Messing, wirken fast wie Skulpturen. Ben Seibel entwarf auch strapazierfähiges Essgeschirr und andere Tischwaren.

DIESE SEITE Das Heim des Ehepaares wurde für die Präsentation ihrer Sammlungen eingerichtet, deshalb die vielen Nischen, wie diese Wand im Eingangsbereich, die mit Regalen für alte UHREN ausgestattet ist. Die Sammlung stammt aus der Mitte des 20. Jahrhunderts, als batteriebetriebene Uhren gerade im Kommen waren.

TRAGBARE SCHREIBMASCHINEN sind die Vorläufer moderner Laptop-Computer. Ihr Design verrät viel Einfallsreichtum bei den kompakten Formen, den Klappmechanismen und den Transportkästen.

Farbbänder für die Schreibmaschine wurden in schönen BLECHDOSEN verkauft, die mit interessanten typografischen und bildlichen Elementen dekoriert waren. Ab etwa 1970 gab es immer mehr elektrische Schreibmaschinen. Von 1880 bis dahin hatten die Hersteller der Farbbänder den Stil ihrer Dosen immer wieder verändert. So ist diese Sammlung auch eine kleine Studie über die Entwicklung des Grafikdesigns in jener Zeit. Man kann die Dosen leicht auf Flohmärkten finden. Sie wurden oft zum Aufbewahren aller möglichen Kleinteile weiterverwendet und deshalb wurde die Bezeichnung für den Inhalt auf den Deckel gekratzt.

Dieser Techniksammler lebt in einem echten Vintage-TOASTER-Museum. Seine Besitztümer, zu denen sowohl amerikanische Art-Déco-Exemplare als auch solche aus der DDR gehören, können wie eine exemplarische Design-Geschichte gelesen werden. Je nach kulturellem Hintergrund gibt es Unterschiede. Obwohl die Sammlung aus 600 Exemplaren besteht, sind nur 120 davon ausgestellt. Die industrielle Ästhetik der Toaster findet sich im Loft-Stil der Wohnung wieder.

DASS DIE TOASTER ALLE NEBENEINANDER PRÄSENTIERT WERDEN, UNTERSTREICHT DIE EINZIGARTIGKEIT JEDES EXEMPLARS.

VOGELBAUER AUS DRAHTGEFLECHT, weiß glasierte Fischteller, Keramikelefanten, diverse Hühnerobjekte – solche und ähnliche Dinge findet man in der fröhlichen Menagerie des Tiersammlers. Diese Sammler sind süchtig nach allem Tierischen und kaufen oft Objekte, die mit ihrem Lieblingstier zu tun haben. Zwar beschränken sich einige Tiersammler dabei etwa auf Geschirr, aber viele sammeln auch alle Gegenstände mit dem von ihnen bevorzugten Motiv. So sind diese Kollektionen oft sehr breit angelegt. Tierbilder gibt es in der ornamentalen Kunst und bei Konsumgütern überall: von der Fauna inspirierte Majoliken, Bonbonbehälter in Hasenform, Schmuck, Firmenlogos, Sportmaskottchen.

Ein Fischschwarm schwimmt über eine Kachelwand im Wohnbereich. Sandfarbene Materialien und eine riesige Muschel verstärken die Strandatmosphäre. Diese FISCH-SAMMLUNG ist variantenreich und umfasst eine Bronzeskulptur und Keramikplatten ebenso wie Milchglasfiguren und einen gusseisernen Tischfuß.

Man darf den Tiersammler nicht mit dem Naturalisten verwechseln. Während jener alles an der Natur liebt, hat der Tiersammler einfach nur einen Narren an Ponys und Pudeln gefressen. Wie kommt der Tiersammler zu seiner Bewunderung für ein bestimmtes Tier? Ein Grund mögen die typischen Charakterzüge sein: die Stärke eines Löwen, die Putzigkeit eines Kätzchens. Oder das betreffende Tierchen hat einen herausragenden Platz im Leben des Sammlers: So ist es nahe liegend, dass ein Hundeliebhaber mit einem Haus voller Terrier auch ein paar Figürchen und Zeichnungen dieses äußerst verbreiteten Motivs sammelt.

Oft identifiziert sich der Sammler auch mit »seinem« Tier. Ein Sportschwimmer sammelt riesige Mengen von Nippes in Fischform; ein Australier im Ausland kann nicht genug von Plüsch-Kängurus bekommen; eine Vogelbeobachterin hat ihre Wohnung mit gerahmten Drucken des Ornithologen Audubon tapeziert. Vielleicht ist es auch eine Sehnsucht nach Kindheitstagen, die den Sammler bewegt: Der Stadtbewohner, der auf dem Land aufgewachsen ist, sammelt Töpfe mit Hühnchenbildern; das kleine Mädchen, das von ihren Eltern unbedingt ein Pferd haben wollte, wächst mit einer Riesenzahl an Pferdespielzeug auf.

Freunde assoziieren schließlich den Sammler mit seinem Tier und tragen zur Vergrößerung der Sammlung bei (oder ermöglichen sie erst). Manchmal beginnt die Sammlung ganz witzig: Ein im Sternzeichen Stier Geborener bekommt Plüschtier-Bullen geschenkt oder ein Tiersammler wird plötzlich Besitzer von fünfzig Eulen und so zum Wächter einer Welt, die er sich nicht ausgesucht hat.

Viele Kulturen identifizieren sich mit bestimmten Tieren: so die Neuseeländer mit dem Vogel Kiwi; Skarabäen hatten eine Bedeutung für die alten Ägypter und der Adler noch heute für die nordamerikanischen Indianer. Manchmal hat das Tier die Bedeutung eines Glücksbringers – oder das Gegenteil. Marienkäfer bringen in manchen Ländern Glück – ein Vogel im Haus soll in Irland Unglück bringen.

Tierische Ikonografie spielt eine große Rolle bei den Sternkreiszeichen oder dem chinesischen Kalender. Mythische Tiere wie der Phönix und der Donnervogel sind ebenfalls anzutreffen – oder man denke an die vielen Darstellungen von Einhörnern in mittelalterlichen Wandteppichen. In der griechischen Klassik waren Schlangen und Delfine wichtig und schmückten oft funktionale Objekte wie Kaminböcke oder Lampenhaken.

Sammler von Tierpräparaten fallen ebenfalls in diese Kategorie. Allerdings ist der Tiersammler meist kein Trophäenjäger. Für den urbanen Hipster ist ein Eichhörnchen oder ein Schwertfisch in ausgestopfter Form eher ein Symbol für ein geliebtes Tier, dessen Leben er durch seine Sammlung ehrt.

Tiersammler sind oft sehr zurückhaltend in anderen Lebensbereichen. So hat es den Anschein, als seien sie eigentlich gar keine Sammler, sondern konzentrierten ihre Zuneigung lediglich ganz auf die Tierwelt. Wenn sie Unmengen von Schlangen, Fröschen, Flamingos oder Alligatoren anhäufen, dann verwirklichen sie sich in diesem Teil ihres Lebens ganz und gar.

Fans von Flaschenkorken wissen, wie selten diese in Tierform zu finden sind. Viele von ihnen sind Souvenirs aus dem Schwarzwald – der Herkunftsort ist meist auf den Boden gestempelt. Diese Exemplare stammen aus den USA und zeigen die Maskottchen der republikanischen und der demokratischen Partei.

DIESE SEITE Die deutsche Firma Steiff ist bekannt für ihre in höchster Qualität produzierten Kuscheltiere und für handgefertigte Teddybären aus Mohair. Nach dem Krieg entstanden kleine sogenannte BOMMEL-TIERE, die sich auch weniger vermögende Konsumenten leisten konnten. Meisen, Sperrlinge, Häschen und andere goldige Tierchen in Formen, die einem Bommel ähneln, machen als Gruppe zusammengestellt einen putzigen Eindruck.

GEGENÜBER Wasser-Fans haben die Auswahl aus einer großen Vielfalt dekorativer Objekte, unter diesen die hier gezeigten »Japanese flower frogs« – wörtlich übersetzt: »japanischer Blumenfrosch«. Dabei handelt es sich aber nicht um ein Tier, sondern um kleine Vasen oder Vasenaufsätze, meist aus Metall oder Keramik, die dazu gedacht sind, die Blumen in Gestecken am richtigen Platz zu halten. Diese »Blumenfrösche« erleichtern nicht nur das Stecken von Blumenarrangements, sie sind auch selbst dekorative Elemente. Trotz ihres Namens nehmen diese kleinen Skulpturen die Formen unterschiedlichster Wassertiere an: Schildkröten, Krokodilen, Krabben, Karpfen ...

Manche Sammler suchen nur nach einem bestimmten Tier; andere – wie dieser Liebhaber von Krustentieren – sind fasziniert von einem ganzen Tierstamm. Hummer, Krabben und Krebse waren im 19. Jahrhundert als kulinarische Delikatesse besonders verbreitet und entsprechend viele Objekte mit KRUSTENTIER-MOTIVEN gab es – so auf Majoliken und Essgeschirr wie diesen Suppenterrinen mit Hummerdeckel.

Ein Sammlerfang in Form von HUMMERSCHEREN ALS SALZ- UND PFEFFERSTREUER.

AQUARIENKIES WIRD HIER MIT EINEM AUGEN-ZWINKERN ALS BLICKFANG AUF EINER SOMMERLICHEN SPEISETAFEL EINGESETZT.

DIESE SEITE Ein Tiersammler bevorzugt Schweine als Motiv und ist stolz auf diese HOLZBRETTER als Unterlage für sein abendliches Schinken-Sandwich. Die Bretter unterscheiden sich alle voneinander, wirken durch das gleiche Material und Motiv allerdings wie ein Set.

GEGENÜBER Schneidebretter werden besonders gern gesammelt und sehr häufig sind sie in der Form von Tieren zu finden, wie hier als Bär, Hahn, Kaninchen, Maus oder Schildkröte. Die in HEIMARBEIT entstandenen kann man leicht von INDUSTRIELL HERGESTELLTEN Exemplaren unterscheiden: Die ersteren sind meist aus einem einzigen Stück Holz gefertigt.

AUF HELL GESTRICHENEN REGALEN PRÄSENTIERT, BRINGEN SCHNEIDEBRETTER ETWAS VERSPIELTES IN DIE KÜCHE.

Liebhaber unserer gefiederten Freunde werden diese Bildersammlung mögen: Gerahmte Drucke von Vögeln – ursprünglich Bildtafeln in gebundenen Büchern – wirken auf der mit Bäumen bedruckten Tapete, als würden sie sich im Wald befinden.

Der Sitzbereich wird geerdet durch den Vogelbein-Tisch der Künstlerin Meret Oppenheim. Dank der schönlinigen Bilder und gedämpften Farben wirkt dieses Wohnensemble sehr dezent.

Für Vogelliebhaber gibt es kein schöneres Sammlerstück als einen Aquatinta-Abzug aus der Werkstatt von Robert Hawell, der als der wichtigste Drucker für den amerikanischen Ornithologen und Zeichner John James Audubon tätig war, von dem das Standardwerk *Die Vögel in Amerika* stammt. Diese digitale Reproduktion seiner Darstellung einer Schnee-Eule – dem Symbol der Weisheit – ist um einiges preiswerter als das Original. Die Farbe der Eulen wird aufgenommen von den VOGELFIGUREN aus Biskuit- und Knochenporzellan darunter.

DIESE SEITE Unterschiedlichste FISCHFORMEN heißen den Besucher in diesem Eingangsbereich willkommen. Ihre Patina passt gut zu der verwitterten Bank darunter. Fischplatten und Saucieren sind in Skandinavien und anderen Orten, wo Fisch einen Großteil der Nahrung ausmacht, weit verbreitet.

GEGENÜBER Seit der Mitte des 18. Jahrhunderts wurden in FISCHFÖRMIGEN FLASCHEN vor allem Wein, Spirituosen, Magenbitter und sogar Parfüm (siehe die Flasche links mit einem Fisch als Glaskorken) aufbewahrt. Solche Flaschen kann man für erschwingliche Preise auf Flohmärkten erstehen. Originale aus den 1860er-Jahren sind allerdings begehrt und wertvoll.

Das Speisezimmer in diesem Haus ist mit PRÄPARIERTEN FISCHKÖRPERN geschmückt, Erinnerungen eines begeisterten Seglers an die großartige Zeit, die er in der Natur verbrachte. Die Leuchtkraft ihrer Primärfarben wird von der Zypressenholzverkleidung der Wand gedämpft und wieder aufgenommen von dem gelben Porzellangeschirr mit Landschaftsmotiven darunter.

Diese Bacchus-Becher aus dem frühen 19. Jahrhundert sind ÜBERRASCHUNGSBECHER, in denen man nach Genuss des Weines ein Tier entdeckt. Ihre Gestaltung wurde inspiriert von einem alten englischen Kneipenspiel, bei dem man (echte) Frösche und Schlangen auf dem Boden eines Bierkrugs versteckte. Die Becher sind aus einem den Fayencen ähnlichen Irdengut hergestellt und farbig bemalt.

Bei alten AUSSTECHFORMEN findet man unzählige Tierbilder. Hausfrauen gaben im 19. Jahrhundert ihre Lieblingstiere bei reisenden Blechschmieden in Auftrag. Diese Auswahl enthält auch Exemplare aus dem 20. Jahrhundert. Die Familien freuten sich an Feiertagen über Tierkekse in fantasievollen Formen.

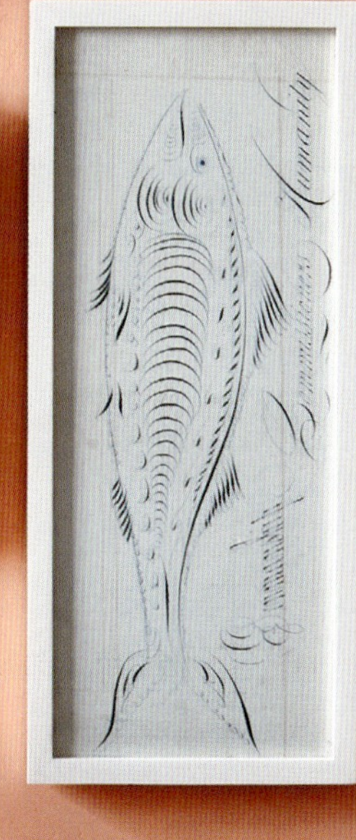

Diese Zeichnungen sind eigentlich Schreibschriftübungen. Die Lehrer ließen ihre Schüler komplizierte Zeichnungen kopieren, damit diese ihre Schreibkünste entwickelten. Dabei waren Tiere ein bevorzugtes Motiv. Die ÜBUNG DER HANDSCHRIFT DURCH TIERZEICHNUNGEN ist bis heute fester Bestandteil des Schulunterrichts und von Wettbewerben in den USA. Den ersten Preis erhielt, wer am schnellsten und besten zeichnen konnte (die erreichten Zeiten sind oft auf der Rückseite notiert). Die Wirkung der sehr unterschiedlichen Zeichnungen wird durch die Wahl der weißen Rahmen vereinheitlicht.

Ein skandinavischer Hersteller produzierte diese GELENKIGEN SPIELZEUGAFFEN in den 1960er-Jahren. Sie waren in verschiedenen Größen und Formen erhältlich, vom Gorilla bis zum Pavian, und dazu gedacht, aneinander oder an die Möbel oder sogar die Decke gehängt zu werden.

Diese GERAHMTEN DARSTELLUNGEN VON HÜHNERVÖGELN sehen wie Zeichnungen aus, bestehen aber aus Federn, eine Technik, die es schon im England des 18. Jahrhunderts gab. Die Bilder hängen vor einem Toile-de-Jouy-Stoff aus dem frühen 19. Jahrhundert, dessen malerische Szenen in Kupferstichtechnik aufgedruckt wurden. Wunderschöne Toiles werden immer noch von vielen Textilhäusern der Spitzenklasse hergestellt, aber nichts kommt der Qualität der traditionellen Stoffe aus England und Frankreich gleich. Sie sind berühmt für ihre einzigartigen Bilder – oft Naturszenen – und ihre Farbgebung.

THE CHICKEN.
KEY TO CHICKEN SHOWING POINTS
POULTRY
By
Pratts

GEGENÜBER Bei so viel Geflügel kann man mit diesem Tiersammler sozusagen ein Hühnchen rupfen. Farbenfrohe Vintage-Tapeten mit Bauernhofmotiven, gerahmte Kunstwerke, Figürchen von gackernden HÜHNCHEN und stolzierenden Hähnen treffen auf ein bedrucktes Baumwolltuch, das um 1900 als Unterrichtsmaterial verwendet wurde.

DIESE SEITE EIERWÄRMER und Geschirr mit Deckeln, um die Speisen bei Tisch warm zu halten, gab es in allen möglichen Materialien, auch aus gepresstem Glas. Die ältesten Exemplare zeigen Hühnchen im Nest. In den 1950er-Jahren wurde Huhn-Geschirr aus Milchglas so beliebt, das Sammlervereine alte Designs neu herausbrachten. Hier ist eine Kollektion mit Gebäckschüsseln und Eierbechern festlich auf einem rustikalen Tisch inszeniert.

DIESE SEITE Der beste Freund des Menschen wird besonders gern als Empfangskomitee inszeniert, daher wohl die Beliebtheit von HUNDE-TÜRSTOPPERN. Es gab sie in Form unterschiedlichster Rassen und in verschiedenen Größen und oft wurden sie aus Gusseisen hergestellt.

GEGENÜBER Haustiere gehören zur Familie. Als Symbol der Zuneigung und zur Erinnerung wurden PORTRÄTS der eigenen Katzen und Hunde in Auftrag gegeben. Gemälde und Fotos kann man in Trödelläden leicht finden – dabei sind naive, selbst gefertigte Bilder besonders reizend.

DER BEHÄLTERSAMMLER liebt Gefäße aller Art: kleine und große, bescheidene und kostbare, diejenigen, die er unter Verschluss hält, und solche, die er ausstellt. Es gibt Kenner von Werkzeugkästen, frechen Trompe-l'œil-Konservendosen, Eierkörben aus Metallgitter, Käseglocken aus Glas, Musikinstrumentenkoffern, Vintage-Koffern und mit Samt ausgeschlagenen Etuis für Federhalter aus dem 19. Jahrhundert. Ein Stapel bändergeschmückter Hutschachteln oder antike Aquarien, die man im Trödelladen entdeckt, regen fantasievolle Sammler dazu an, diese wieder dienstbar zu machen, sie dekorativ zu arrangieren und etwas in ihnen auszustellen oder zu verstauen.

Obwohl man ihnen Alter und Gebrauch ansieht, haben diese TEEBÜCHSEN durch ihre leuchtenden Farben und Asien-Motive immer noch einen großen grafischen Reiz. Man kann unbeachtete Ecken eines Raumes aufwerten, indem man sie an der Wand inszeniert, oder sie zu einer Gruppe auf der Küchentheke arrangieren.

Behältersammler sind meist pragmatisch: Sie lieben es, Objekten einen neuen Zweck zu geben, sei es als Stauraum oder als Accessoire. Dieser Sammlertyp macht es wie in alten Zeiten, als nichts verschwendet und jeder kleinste Materialschnipsel am Ende seiner Lebensspanne zu etwas anderem recycelt wurde. Einer hübschen Verpackung einen anderen Zweck zu geben, gibt diesem Sammler ein Gefühl der Ganzheit. Für ihn sind verzinkte Milchkannen der perfekte Ort, um Spielzeug aufzubewahren. In alten Riechfläschchen und Schnabeltassen arrangiert er Blumen oder verwahrt Schmuck. Reihen von Espresso-Dosen auf einer Küchentheke bilden einen Hintergrund, der an ein Pop-Art-Gemälde erinnert, und dienen gleichzeitig zur Aufbewahrung kleiner Kochutensilien. (Das ist ein zusätzliches Plus der Behälter: Sie verbrauchen nicht viel Platz im Haus, da man in ihnen meist andere Dinge aufbewahren kann.)

Die beliebtesten Sammlerobjekte sind Verkaufsverpackungen wie Gewürzbehälter, Teebüchsen und Konservengläser, von denen viele schon für die Wiederverwendung als funktionale oder dekorative Elemente vorgesehen waren. Die Weltwirtschaftskrise führte in Amerika dazu, dass kostenlose Dreingaben dieser Art zunahmen: Hersteller lockten sparsame Konsumenten mit Lebensmitteln, die in wiederverwendbaren Behältern verkauft wurden. Kraft verkaufte Milchprodukte in dekorativen Gläsern, aus denen man später Saft trinken konnte. Die britische Keksfirma Huntley & Palmers stellte neuartige Blechdosen her, die aussahen wie hölzerne Tee-Kistchen, japanische Laternen oder Handtaschen für Damen. Der Erfindungsreichtum und das künstlerische Geschick waren damals schon ein Verkaufsinstrument, das Kunden an eine Marke binden sollte.

In der Mitte des 20. Jahrhunderts wurden Konsumwarenverpackungen zunehmend von prominenten Grafikdesignern gestaltet. Ikonen wie Paul Rand und Alvin Lustig entwarfen Zigarrenkisten und Dosen für Farbbänder. Solche Behälter sind überall auf Flohmärkten zu finden und zeigen oft Spuren liebevoller Nutzung, da die vorige Generation von Behältersammlern darin Reißzwecken, Knöpfe, Nägel und sonstigen Krimskrams aufbewahrte.

Viele Behältersammler sind sparsam. Und die von ihnen gesuchten Objekte kosten wenig oder nichts: Sonderbare Gefäße für unbestimmbaren Gebrauch, Weidenkörbe und recycelte Verpackungen sind Dinge, die jeder irgendwann aufbewahrt, von denen aber keiner annimmt, dass sie einen Wiederverkaufswert hätten. Ein Vintage-Schrankkoffer von Gucci für eine Schiffsreise mag unerschwinglich sein, aber eine No-Name-Aluminiumversion kann man für wenig Geld auf dem Flohmarkt kaufen. Selbst Objekte des Arbeitsalltags wie alte Geldkassetten und Milchkannen haben erst seit Kurzem einen Preis – dank des in Mode gekommenen industriellen Chics.

Behältersammler entwickeln eine Art von Urtrieb, ihre materiellen Besitztümer unter Kontrolle zu halten. Alles in dekorativen Schachteln und Koffern zu verstauen hilft, das Chaos einzugrenzen. Auch wenn diese Sammler innerlich ein wenig verrückt sein können, strahlen sie nach außen geordnete Gelassenheit aus. Für sie besteht eine Verbindung zwischen optischer und mentaler Ordnung: Unordnung verbergen sorgt für geistige Ruhe. Und diese ist eine gute Basis, um sich manchmal dann doch gehen zu lassen: Denn wer könnte nicht noch eine Silberdose gebrauchen – vielleicht um Wechselgeld aufzubewahren? Das Wesen dieser Sammelleidenschaft fördert die Vorstellungskraft und ruft eine ansteckende Kreativität hervor, die sich nicht leicht in einen Behälter einschließen lässt.

Nach dem Krieg wurden die unterschiedlichsten Haushaltsgegenstände aus leicht verfügbarem Aluminium hergestellt, darunter auch LEICHTE KOFFER. Auf dem Flohmarkt kann man frühe Samsonite- und Halliburton-Koffer ebenso erstehen wie No-Name-Produkte oder sogar selbst gemachte Koffer. Viele waren als Reisekoffer gedacht, kleinere Modelle wurden auch als Behältnis für Schlittschuhe, Rollschuhe und sogar Oberhemden hergestellt. Die Vintage-Koffer sind hier der Größe nach sortiert und werden als Stauraum genutzt.

GEGENÜBER Der britische Gebäckhersteller Huntley & Palmers entwarf BONBONBÜCHSEN in Form von marokkanischen Intarsientischchen, Pagoden, Telefonzellen oder dicken Büchern. Alle diese Formen waren als Dekorationsobjekte gedacht. Eine nette Idee ist es, allein die Deckel an der Wand aufzuhängen – wo sie als Halterung für Schmuck dienen oder einfach wie Kunstwerke wirken.

DIESE SEITE Huntley & Palmers stellten auch Blechdosen her, die blaues WEDGWOOD PORZELLAN imitierten. Aufgestapelt auf einer Konsole sind sie ein witziger Ersatz für das echte Porzellan.

GEGENÜBER Tabakdosen sind für Behältersammler sehr verführerisch. Die handtellergroßen Objekte wurden oft aus luxuriösem Material hergestellt, diese HOLLÄNDISCHEN UND ENGLISCHEN KREATIONEN aus dem 17. und 18. Jahrhundert sind allerdings weniger wertvoll, wahrscheinlich waren sie für Konsumenten aus den niederen Ständen bestimmt. In dieser Sammlung befinden sich Exemplare aus Messing, Zinn und schwarz lackiertem Pappmaché.

DIESE SEITE Diese SCHNUPFTABAKDOSEN sind in Gruppen nach Größen arrangiert. Die Behälter geben hervorragende Podeste für anderen Nippes ab. Ein unerwarteter Akzent kommt zustande, wenn man sie auf eine Seite stellt und wie ein Buch öffnet.

GEGENÜBER Hier wurden antike Aquarien mit Plexiglas-Deckel verschlossen und zu Ausstellungskästen aufeinandergestapelt. In den Aquarien befinden sich aus KERAMIK NACHGEBILDETE SANDBURGEN und farbige VINTAGE-FISCHKUGELN, die aus Deutschland und Japan stammen und den Unterwasser-Effekt verstärken.

DIESE SEITE Kleine Flaschen aus dem frühen 19. Jahrhundert – die meisten enthielten ursprünglich SCHNUPFTABAK ODER SCHUHCREME – sind ideale Gefäße für einzelne Blumen. Die durchsichtigen grünen und braunen Farbtöne schillern hübsch im Licht auf dem Fenstersims.

Diese Körbe wurden von reisenden Handwerkern des 19. und 20. Jahrhunderts hergestellt und waren für den vorsichtigen TRANSPORT VON EIERN gedacht. Sie waren außerdem praktisch für die Aufbewahrung in der Küche. Größere Exemplare wurden für Kartoffeln, Zwiebeln und anderes Gemüse hergestellt. Die Körbe konnten zum Kochen des Inhalts in einen Topf mit Wasser getaucht werden.

KÄSE- UND TORTENGLOCKEN aus geblasenem Glas wurden zur Abdeckung und zum Schutz der Lebensmittel entworfen. Außerdem konnte dadurch die Temperatur stabiler gehalten werden, was in einer Zeit wichtig war, als Klimaanlagen noch nicht verbreitet waren. Unter den großen Exemplaren hatte ein ganzer Laib Käse Platz, die mittleren beschützten Kuchen und Gebäck und die kleinen Versionen bedeckten Butter. Man kann die Glasglocken ihrem ursprünglichen Zweck entsprechend verwenden oder andere Sammlerstücke darunter ausstellen.

In früheren Zeiten sollten Kassetten wichtige Dokumente, Geld und sogar Gepäck schützen und transportieren. Die STABILEN BOXEN wurden in allen möglichen Größen verkauft. Traditionell wurden sie schwarz lackiert und mit Goldstreifen versehen, um besonders wertvoll zu erscheinen. Wenn der Lack stark abgeblättert ist, kann man den Behältern zu neuem Glanz verhelfen, indem man diesen völlig entfernt und die Oberfläche poliert, so dass der darunterliegende verzinkte Stahl sichtbar wird.

Dieser Sammler verwertet ZINKBEHÄLTER. Malerisch gefleckte Muster entstehen durch den Alterungsprozess bei verzinktem Stahl. Durch Abrieb wird der Stahl darunter sichtbar. Nebeneinander gestellt sehen sie wie ein Stillleben von Giorgio Morandi aus.

B
Erwan
HERMÈS
PARIS
ézslava Nováka
A. W. FABER . FRANCE.
Ms. Piper Williams

GEGENÜBER Vintage-Verpackungen von Luxusmarken wie Tiffany's und Cartier, die für ihre typischen Farben bekannt sind, werden oft als lustige und attraktive Behälter wiederverwendet. Ein Pyramidenturm aus orangefarbenen Kästchen der Firma HERMÈS ist gleichzeitig Ordnungssystem und ornamentales Ausstellungsstück.

DIESE SEITE Eine Gruppe antiker chinesischer PINSELTÖPFE ist auf dieser Wandkonsole arrangiert. Ihre Formen sind von vornehmer Zurückhaltung: leicht unregelmäßige Zylinder oder Kegel aus natürlichen Materialien wie einem ausgehöhlten Baumast oder einer Bambusscheibe. In dieser Sammlung findet man viele unterschiedliche Größen und Materialien – von japanischem Lack bis zu kostbarem Stein.

Diese SILBERNEN SCHNABEL-TASSEN aus dem 18. Jahrhundert ähneln flachen Saucieren mit breiterem Ausguss, sie wurden aber dazu verwendet, gebrechliche Personen mit Schleimsuppe zu füttern. Den Sammler interessieren der archaische Zweck und die kurvige protomoderne Form.

MIT SAMT BEZOGENE KÄSTEN waren in der viktorianischen Zeit gang und gäbe und fanden Verwendung bei der Verpackung von Schmuck, Silberwaren, Notenblättern und Artikeln der Damentoilette (Knöpfhaken, Handschuhspanner, Nagelhautscheren). Der Stoff wurde manchmal mit Mustern bedruckt und entwickelte mit der Zeit eine wunderbar abgenutzte Oberfläche. Die Kästen waren stilsichere Wächter: Selbst die Beschlagteile waren elegant geformt.

BENUTZEN SIE EINE OTTOMANE ODER EINEN BEISTELLTISCH ALS AUSSTELLUNGSPLATZ, SOWOHL DIE SITZ- BEZIEHUNGSWEISE STELLFLÄCHE ALS AUCH DEN BODEN DARUNTER. DURCH DIE ZUSAMMENSTELLUNG NACH FARBEN KÖNNEN WUNDERBARE ARRANGEMENTS ENTSTEHEN.

DIESE SEITE Eine Sammlung aus Sterling-Silber-Kästchen des späten 19. und frühen 20. Jahrhunderts ist in einem Acrylglasregal verstaut. Darüber eine Gruppe von weißen CHINOISERIE KERAMIKOBJEKTEN. Die Kästchen nehmen den modernen Dekor und die silbern-weiße Palette des Raumes auf.

GEGENÜBER STERLING-SILBER-KÄSTCHEN entstanden auf der ganzen Welt, aber diese hier wurden in Mexiko hergestellt. An jedem ist eine andere Technik zu beobachten so etwa Ziselier- und Treibarbeiten. Sie entstanden wahrscheinlich als Souvenirs, daher die leicht kitschigen Azteken- und Maya-Motive. Mexico City und Guadalajara waren bei US-amerikanischen Touristen ab 1900 besonders beliebte Ziele.

DEN ABBILDSAMMLER KÖNNTE man auf den ersten Blick für einen Naturliebhaber halten, was nicht einmal ganz falsch ist. Seine Welt ist angefüllt mit Blättern, Früchten, summenden Insekten und Lebensbäumen. Aber es ist nicht die Natur, die ihn anzieht, es ist deren *Abbild*: Flora und Fauna durch das Auge eines Künstlers betrachtet und in ein anderes Medium übersetzt. Abbildsammler lieben die Natur in einer beständigeren Form und umgeben sich mit fantastischen Dingen, die nicht dem Verfall ausgesetzt sind. Sie scharen sich um Messingblätter, um aus Stein geschnitzte Früchte, wie Malachit aussehende Tapeten und emaillierte Schmetterlingsbroschen. Wie alle Sammler werden sie unbewusst von bestimmten Objekten und Bildtypen angezogen, aber

Kunstblumen sind die Leidenschaft vieler Abbildsammler. Diese Sammlerin, eine Künstlerin, die strahlende Farben und glänzende Finishs liebt, erfreut sich an ihrer PERLENBLUMEN-Sammlung das ganze Jahr. Wann immer sie möchte, kann sie sich den Frühling ins Gedächtnis rufen. Sie arrangiert die Blumen, als ob es reale wären und steckt einzelne Stängel in die Vase.

Schmetterlinge sind ein verbreitetes SCHMUCKMOTIV, besonders diejenigen aus Emaille. Manche Farben und Farbkombinationen findet man nicht so oft: Pink ist zum Beispiel seltener als Blau. Einige der schönsten Exemplare wurden von skandinavischen Designern Mitte des 20. Jahrhunderts hergestellt: Die Firma David-Andersen sorgte für eine weltweite Begeisterung für leuchtend farbige Emaille-Arbeiten.

ihre Zuneigung hat noch einen weiteren Grund: die Faszination dafür, wie Künstler und Kunsthandwerker Natur interpretieren.

Abbildsammler gibt es in zwei Extremen: diejenigen, für die der Anschein von Echtheit über allem anderen steht, und solche, die einen bewussteren Umgang mit künstlichen Nachahmungen schätzen. Der erstere sammelt lebensnahe Abbilder: altertümliche botanische Gemälde, künstliche Bonsais, die wie echte aussehen. Der andere streift über Flohmärkte und sucht gehäkeltes Gemüse und Blumen aus aufgeschlitzten Blechdosen. Die beiden Sammlertypen haben entgegengesetzte Haltungen. Der Realist bewundert die Kunstfertigkeit, die hinter der Nachahmung steckt, während der Ironiker den augenzwinkernden Humor in den weniger realistischen, stilisierten Darstellungen schätzt. Die Liebe des einen gilt Pierre-Joseph Redoutés naturalistischen Darstellungen von Hibiskusblüten, die des anderen einer Siebdruck-Version des Pop-Künstlers Andy Warhol.

Nicht allein die Natur motiviert diesen Sammler. Viele Abbildsammler lieben Trompe-l'œil-Effekte im Allgemeinen: gerahmte Stickereien, die aus der Entfernung wie Gemälde aussehen; eine unter dem Arm einer Dame zusammengerollte Zeitschrift, die eigentlich eine Handtasche ist. Diese Sammler begeistern sich für optische Illusionen und für die Überraschung, wenn man entdeckt, dass ein Objekt oder ein Material nicht ist, was es zu sein scheint.

Die Sammlung von Abbildern hat eine lange Geschichte. In der bildenden Kunst des Westens erreichte man erst zum Ende des 19. Jahrhunderts eine Phase, in der die Kunst offensichtlich andere Ziele verfolgte als die alleinige Suche nach Verfeinerung der Technik zur immer realistischeren Wiedergabe der Welt. Im 18. Jahrhundert wurden mit chinesischem Porzellan natürliche Materialien wie Blätter, Holz und Stein nachgeformt. Und in der ornamentalen Kunst wurden unterschiedlichste Materialien entwickelt, um wertvollere Rohstoffe zu imitieren. Man denke an Sheffield-Silber, das Sterling-Silber imitierte, oder an Blattgold, das ein solides Goldobjekt vortäuscht.

Traditionelle Handarbeiten wie Perlenblumen sind eine weitere vom Abbildsammler bevorzugte Form der Dekoration. Die glitzernden Bouquets haben ihren Ursprung im Venedig des 16. Jahrhunderts, als die Damen dort Kunstblumen herstellten, um mit ihnen die Kirchen zu schmücken. Die Herstellung der komplizierten Perlengeflechte lebte in der viktorianischen Zeit und nach dem Zweiten Weltkrieg als trendiges Hobby wieder auf. Die Abbildsammler werden von solchen Beispielen menschlicher Kunstfertigkeit, diesen Zeugen fleißiger Handarbeit angezogen. Sie schätzen die Hand *und* den Geist des Menschen, den Ort, an dem Handwerkskunst und Intellekt zusammentreffen.

GEGENÜBER Winzige Perlen wurden von Amateuren und professionellen Kunsthandwerkern verwendet, um Pflanzen und Körbchen darzustellen. Die Kunst, PERLENBLUMEN herzustellen, entwickelte sich als weniger teure und jahreszeitenunabhängige Alternative zu frischen Blumen für die Altardekoration in europäischen Kirchen. Das Genre erreichte in den 1950er-Jahren neue Beliebtheit, als Hobbybastler Perlen wiederentdeckten.

DIESE SEITE Aus Dosenblech geformte Blütenblätter werden oft von fingerfertigen Amateuren hergestellt und dann wieder in Dosen arrangiert, eine sehr ausdruckstarke Form der Dekoration.

Insektenschmuck gibt es schon seit Jahrtausenden: von Skarabäus-Ringen im alten Ägypten bis zu Bienenmotiven an Ohrringen, die im 18. Jahrhundert in Frankreich entstanden. Viele Tierarten haben eine starke kulturelle und auch symbolische Bedeutung: Zikaden sind zum Beispiel Zeichen für Glück. Das Sammelgebiet ist äußerst umfangreich und macht dem Anfänger den Einstieg leicht: Außer Broschen gibt es auch Hutnadeln, Kämme, Ohrringe, Halsketten und anderes in Materialien wie Gold, Silber, Acryl und Bakelit.

Die Passion dieser Abbildsammlerin für Insektenschmuck wurzelt in ihrer Liebe zur Natur. Ihre Sammlung von BROSCHEN UND NADELN MIT INSEKTENMOTIVEN besteht aus etwa 200 Stücken, einige davon sehr realistisch, andere ziemlich stilisiert.

Eine Auswahl von SCHMUCK-LIBELLEN hat sich auf (echten) Chrysanthemen niedergelassen. Diese Art Schmuck kann man so aufbewahren, dass die Stücke wie in einer Ausstellung präsentiert werden und einzelne sogar in kleinen Glaskästchen anordnen.

GEGENÜBER Alte BOTANISCHE DRUCKE wie diese handkolorierten Radierungen bringen Natur ins Heim. Die Sammlerin präsentiert gerahmte Birnen und Äpfel neben echten auf einem kleinen Tisch. Den Hintergrund bildet eine Tapete in ähnlich »säuerlichem« Farbton.

DIESE SEITE Diese WEINTRAUBEN aus italienischem Marmor wirken unglaublich real. Ein Eindruck, der noch dadurch verstärkt wird, dass sie wie in einer Obstschale präsentiert werden. Diese Sammlerstücke sind großartiges Kunsthandwerk: Jede Weinbeere ist durch Bohren und Flechten auf einer metallenen »Rebe« befestigt. Selbst die schönsten Weintrauben schrumpfen einmal zu Rosinen, aber diese Schönheiten bleiben ewig.

Künstliche Bäume, sowohl frei stehende als auch an der Wand befestigte, sorgen für fantasievolle dekorative Akzente. Sammler haben die Auswahl zwischen FORMBÄUMEN, BONSAIS UND BLASENESCHEN. Manche außergewöhnlichen Exemplare sind viktorianisch, aber sie wurden auf der ganzen Welt gefertigt. Diese bestehen aus Muscheln, Draht und Glas.

Kitschige FALSCHE FRÜCHTE aus billigem, buntem Plastik sorgen für den schlechten Ruf dieser Form der Naturnachbildung, aber es gibt geschmackvolle Vintage-Versionen aus geblasenem Glas, aus Perlen, geschnitztem Holz oder kostbarem Stein wie Alabaster. Diese kunstvollen falschen Trauben und Birnen bestehen aus Stein. Sie wurden von chinesischen Kunsthandwerkern hergestellt und haben Blätter aus Jade oder Karneol, die mit Seidenstängeln befestigt wurden.

DIESE SEITE Die meist aus Italien stammenden CLUTCHES in Form eines zusammengerollten MODEMAGAZINS waren in den 1970er-Jahren ein Modetrend. Ein Blatt Papier, bedruckt mit dem Cover eines Mode- oder Home-Style-Magazins, wurde auf der Innenseite eines Etuis aus Acryl befestigt. Dieses freche Design wurde durch die Fernsehserie SEX AND THE CITY wieder populär, wo es von einer der Hauptfiguren, Carrie Bradshaw, getragen wird.

GEGENÜBER GEHÄKELTES ESSEN, hier Kuchen, Hot Dog und Eisbecher, gehört sicher zu den witzigsten Beispielen dieses Sammelgebiets. Die Objekte sind so dreist in ihrer Künstlichkeit, dass der Sammler sie wie Werke der Pop Art behandelt. Die Tapete mit Budweiser-Muster verstärkt noch den schrägen Effekt.

Budweiser
LAGER BEER
Brewed by our original process from the Choicest Hops, Rice and Best Barley Malt
Anheuser-Busch, Inc
GENUINE

Von Hand ausgeführte STAMM-BÄUME sind eine witzige Variante in Sammlungen alter Naturdrucke. Im 19. Jahrhundert, als das Interesse an Ahnenforschung immer größer wurde, waren sie weit verbreitet. Die Vorlagen waren im Allgemeinen Lithografien oder von Hand gezeichnete Bäume – meist riesige Eichen – mit Linien, auf denen die Namen der Verwandten einzutragen waren. (Der oberste besteht aus den Schnurrbarthaaren von Katzen.)

Einige dieser blättrigen METALL-SCHALEN wirken sehr authentisch. Sie wurden aus solidem Messing im Sandgussverfahren aus Modellen hergestellt, die von echten Blättern abgenommen worden waren. Entworfen wurden sie Mitte des 20. Jahrhunderts von dem aus Norwegen stammenden Bildhauer J. W. Hansen. Er schrieb den Namen des Baumes, von dem das Blatt stammte, auf die Rückseite der Schale. Diese waren als Aschenbecher und als Schüsseln für Bonbons und Nüsse gedacht. Hübsch auf einem Tisch inszeniert, sorgen sie für dekorative Herbstakzente.

DIESE SEITE Dieser Abbildsammler besitzt alte Gobelinstickereien, die berühmte Werke der modernen Kunst imitieren. Vorbild waren KLASSISCHE GEMÄLDE von Andy Warhol, Henri Matisse, Peter Max und Jean Miró. Auf diese Weise gerahmt und gehängt sind sie eine fantasievolle Verbeugung vor den Originalen.

GEGENÜBER Die Nahaufnahme dieses an Paul Klee erinnernden »Leinwandbildes« lässt die pixelige Auflösung erkennen. Institutionen wie das Winterthur Museum in Delaware und das Metropolitan Museum of Art in New York City bieten immer noch auf den Meisterwerken ihrer Sammlung basierende GOBELINSTICKSETS zum Kauf an.

AM HÄUFIGSTEN BEWEGEN SICH SAMMLER auf dem Flohmarkt oder im Trödelladen. Dies gilt nicht für die Naturalisten, für die die freie Natur das wichtigste Betätigungsfeld ist. Sie finden ihre Schätze am Wasserrand und im Wald, wo ihnen die Sonne ins Gesicht scheint und der Wind in den Nacken bläst. In der Natur finden Naturalisten alles von Fossilien bis zur Feder. Am Strand kann man wunderbar nach verwittertem Treibholz, Seesternen und vom Wasser rund geschliffenen Glasscherben suchen. (Tatsächlich sind auch ansonsten als vernünftig geltende Menschen *verrückt* nach Glasscherben aus dem Meer.) Naturalisten haben eine tiefe Verbindung zur Mutter Erde.

Während langer Strandspaziergänge gesammelte FEDERN sind das Grundmaterial für diese beeindruckende Wanddekoration. Mit Klebestreifen fixierte die Sammlerin die Federn zu einer immer weiter wachsenden Ad-hoc-Installation. Auch die Architektur zeigt die Handschrift des Naturalisten: Die Eigentümerin baute einen gewöhnlichen 1970er-Jahre-Bungalow auf seine elementare Rohkonstruktion zurück. Sogar an den Tischen und Stühlen erkennt man VERWITTERTE PATINA.

Verglichen mit anderen Sammlern, handelt der Naturalist mit leicht zugänglichen Waren, überall vorhandenen Dingen, die vielleicht sogar in seinem eigenen Garten zu finden sind – Palmwedel, Baumzweige, getrocknete Blätter und alte Kürbissorten, um nur ein paar zu nennen. Doch genügen ihm – wie allen ernsthaften Sammlern – weder das Normale noch das gerade eben Ungewöhnliche. Das geschulte Auge dieses Sammlertyps sucht nach dem Einzigartigen, nach seltenen Unterkategorien des selbstverständlich Zugänglichen, nach der exotischen Ausnahme vom Alltäglichen: Steine in Herzform, üppig gefleckte Petoskey-Stein-Fossilien. Die aufregende Suche und die Seltenheit mancher natürlich vorkommender Dinge macht die Sache besonders anziehend.

Naturalisten bevorzugen Sammlerobjekte im Allgemeinen lieber im Naturzustand, also zum Beispiel roh behauene Brocken unpolierter Kristalle oder Sanddollars direkt vom Strand. Andere lieben ein bisschen mehr Raffinesse und suchen sich Objekte, die aus organischem Material gefertigt wurden. Man denke an Gegenstände aus geschnitztem Wurzelholz, an Muschelperlen, Malachiteier, viktorianische Kästchen mit einem Mosaik aus Samen oder Hülsenfrüchten oder eine zu einem Lampenfuß umgewandelte glitzernde Geode – funktionale (und dekorative) Objekte, an denen man immer noch die natürlichen Oberflächen bewundern kann. Auch aus tierischem Material wie Horn, Hufen, Schildpatt, Fell und Muscheln hergestellte Oberflächen fallen in dieses Sammelgebiet. Der Naturalist setzt sich für die Reinheit des Materials ein, selbst wenn dieses kunstvoll bearbeitet wurde oder durch Schleifen einen geflammten Glanz erhalten hat.

Viele Sammler finden Geschmack an »lebendigen« Materialien wie Leder und Metall, die mit der Zeit eine Patina entwickeln. Aber der Naturalist schätzt auch Dinge, die *wirklich* lebendig sind. Oft interessieren sie sich (manchmal wissenschaftlich) für Botanik und Gartenbau, sammeln Pflanzen und Samen, Flechten und Tang. Einige verfügen über ein Gewächshaus voller üppiger Orchideen und Bonsais, kümmern sich um einen Hain aus Zitrus- und Kamelienbüschen, der schon seit Generationen weitervererbt wird, oder versorgen eine riesige Menge Zimmerpflanzen. Manche sammeln vielleicht nicht einmal ein Objekt als solches, sondern eine Erfahrung. Typisches Beispiel: Vogelbeobachter, die über das, was sie sehen, Tagebuch führen. Außerdem ehren Naturalisten den ganzen Zyklus von Geburt, Wachstum und Wiedergeburt und würdigen sogar Zeichen des Verfalls wie zum Beispiel Schimmelflecken auf Kürbissen, die vor ein paar Wochen geerntet wurden.

So sehr Naturalisten Objekte in unverfälschtem Zustand schätzen, so sehr lieben sie es auch, ihrer Sammlung den eigenen Stempel aufzudrücken. Sie können ziemlich erfinderisch sein, wenn es darum geht, mit ihren Sachen anzugeben. Keinen ihrer Sanddollars würden sie in einer Schachtel unter dem Bett verstecken. Vielmehr finden diese ihren Platz in mit Samt ausgeschlagenen Schmuckkästchen. Naturalisten machen Gefäße ausfindig, in denen sich ihre Manzanita-Zweige gerade so anlehnen können, dass sie wie der elegante Arm eines Gentlemans aussehen, der eine Dame zum Tanz auffordert. Korallen und Bergkristalle sind auf Sockeln unter Glasglocken oder in durchsichtigen Kästchen platziert. Handwerklich begabte Naturalisten reihen ihre Steine in einer Spirale auf oder schaffen aus riesigen gepressten Blättern in Rahmen eine dekorative Wandgrafik.

Als Erweiterung ihrer Liebe zu Flora und Fauna häufen Naturalisten oft verwandte Dinge an, beispielsweise Terrarien, Aquarien, Vogelbauer und Blumenkübel. Diese sind selbst zwar auch Sammlerobjekte, werden aber meist zu Ausstellungszwecken benutzt.

Diese Inszenierung RUNDLICHER KÜRBISSE bringt die eigenartige Persönlichkeit der Früchte gut zur Geltung. Wenn die Kürbisse trocknen, erscheinen malerische Muster aus Schimmelpilzen. Sie machen die Schönheit sichtbar, die auch im Verfall steckt. Die Kürbisse mit ihren üppigen Formen wirken schön in einer schlichten Umgebung auf einem Sofatisch oder einer Konsole.

Meeresmuscheln sind gesuchtes Ausgangsmaterial für Kunstwerke und bei Sammlern begehrt. Wer oft auf Flohmärkten ist, kann sie in Form von Gemmen, Mokkalöffeln oder in üppigen Mengen auf »Sailors' Valentines« wiederfinden sowie als dünne Scheiben in Perlmuttintarsien auf Accessoires.

DIESE SEITE »SAILORS' VALENTINES« sind kleine Kästchen oder Obelisken, die mit einem kaleidoskopartigen Mosaik aus winzigen Muscheln bedeckt wurden. Wie der Name schon vermuten lässt, brachten Seeleute bei ihrer Heimkehr diese als Zeichen der Zuneigung für ihre Lieben mit. Manche wurden von den Seeleuten selbst gebastelt, wenn es auf dem Schiff nichts zu tun gab. Die edleren Vintage-Exemplare, die man auf Flohmärkten oder in Antiquitätengeschäften findet, wurden von Kunsthandwerkern hergestellt und in Souvenirläden in Hafenvierteln verkauft.

GEGENÜBER Der Raum, in dem dieser Frisiertisch steht, wirkt wie eine GROTTE, deren Wände und Decke vollständig mit Muscheln bedeckt sind, was hier durch die Art des Arrangements wie eine Vertäfelung wirkt. Obgleich die Ausführung etwas Großartiges hat, ist die Idee verblüffend einfach: Die Muscheln sind in die mit Zement verputzte Wand eingelassen – eine ideale Lösung auch für Duschen oder Bodenbeläge auf Terrassen. Auch die Spiegelstellage ist mit Meeresmuscheln verziert.

DIESE SEITE Als Teenager häufte diese junge Strandsammlerin eine beneidenswerte Sammlung makelloser SANDDOLLARS in allen Größen an. Sie beherbergt ihren Schatz nach Größen geordnet (zusammen mit ein paar Seepferdchen und Seesternen) in einem alten Schmuckkästchen.

GEGENÜBER Der Künstler Frederic Clay Bartlett entwarf diesen magischen Pavillon für die Präsentation von MUSCHELN UND KORALLEN seiner Frau Evelyn. (Das Haus der Eheleute – Bonnet House – ist jetzt ein Museum.) Bartlett verwendete Muscheln sogar für das Deckenfries und die Umrandung des zurückgesetzten Regals. Damit die Muscheln sich deutlich abheben, ist das Regal in Zitronengelb gestrichen.

DIESE SEITE Eine dekorative Ansammlung nobler Objekte aus MUSCHELN UND PERLMUTT setzt auf einem Frisiertisch elegante Akzente. Natürliche Materialien wie Horn, Schildpatt und Muscheln sehen kultivierter aus, wenn sie poliert sind und dekorative Kästchen und Ähnliches in allen erdenklichen Formen verschönern – von der Puderdose bis zum Opernglas.

GEGENÜBER An der Nordseite von Bonnet House ist der Eingangsbereich komplett mit Muscheln dekoriert. Das Ganze gipfelt im Abschluss des Türrahmens: einem Adlerfries.

SAN DIEGO

GEGENÜBER Wegen ihrer Form waren Muscheln im Altertum als Löffel in Gebrauch. Jahrtausende später können sie immer noch dafür verwendet werden. MUSCHEL-LÖFFEL aus viktorianischer Zeit wurden in Küstenstädten als Souvenir an Touristen verkauft und waren fast immer mit dem Namen des Ortes oder der Stadt gekennzeichnet. Manche Designs aus Mollusken- und Abalone-Muscheln sind sehr schön, andere auf charmante Weise simpel.

DIESE SEITE Dieses AQUARIUM AUS HOLZIMITAT – verwendet wurde Terracotta – wirkt recht rustikal. Das Arrangement von Aquarien und Terrarien war eine beliebte Beschäftigung in viktorianischer Zeit.

GEGENÜBER Bonnet House ist berühmt für sein Gewächshaus, in dem Evelyn Bartletts ORCHIDEEN ausgestellt werden. Als sie noch lebte, waren hier ungefähr tausend Pflanzen untergebracht – eine der größten Sammlungen in den USA. Der Naturalismus wird auch in den Bodenplatten aus KORALLEN-STEIN sichtbar. Auch hier behauptet sich das freche Gelb, das anderswo ebenfalls verwendet wurde, gegen die Farbenpracht der Blüten.

DIESE SEITE BIENENKÖRBE sind eine mittelalterliche Erfindung. Sie wurden durch Zusammenbinden von Strohbündeln hergestellt. Vintage-Exemplare sind durch das Wiederaufleben der Bienenzucht, besonders in Stadtnähe, der letzte Schrei. Obwohl sie heute nicht mehr von Bienenzüchtern genutzt werden, verbreiten diese korbartigen Relikte einer vergangenen Zeit die Atmosphäre einer französischen Imkerei des 19. Jahrhunderts.

GEGENÜBER Zwei Passionen des Naturalisten – Eier und exotische Geologie – treffen in diesen DEKO-EIERN aufeinander. Eine Sammlerin präsentiert ihre Schätze in kleinen Nestern. Dabei sind verschiedene Materialien (exotische Steine, Holz, Metall, Messing) und unterschiedliche Formen zu sehen (russische Matrjoschka-Eier, Pillenschachteln, Lockmittel, um Hennen zum Brüten zu animieren). Viele haben mit Näharbeiten zu tun und wurden zum Ausmessen von Bändern oder als Stopfeier verwendet.

DIESE SEITE Jeden Herbst sammelt diese Familie die STÄNGEL ihrer Halloween-Kürbisse – eine Zeitreise zu vergangenen Festen. In getrocknetem Zustand können diese ziemlich elegant sein, mit verschnörkelten Ranken und in verschiedenen Schattierungen.

DIE GEOMETRISCHE WIRKUNG DER HÄNGUNG ERZEUGT EINEN HÜBSCHEN GEGENSATZ ZU DER ORGANISCHEN FORM DER BLÄTTER.

GEGENÜBER Gepresste und anschließend gerahmte AMEISENBAUM-BLÄTTER setzen einen dekorativen Akzent über dem Schreibtisch. Die riesigen Blätter wurden sorgfältig geschnitten und die Einzelteile dann so arrangiert, dass das Motiv von Rahmen zu Rahmen wandert.

DIESE SEITE Wer sich für die Samen alter Sorten begeistert, sammelt nicht einfach nur eine Gattung. Er setzt einer früheren Zeit ohne Umweltverschmutzung ein Denkmal (und romantisiert sie). Während die Zahl der Naturbegeisterten, die sich um alte Samensorten bemühen, in den letzten Jahren immer größer wurde, war dieser Naturalist seiner Zeit weit voraus: Er sammelt seit fast zwei Jahrzehnten verschiedene alte KÜRBISSORTEN. Durch die Ausstellung der Erntefrüchte neben den schön geformten Glasflaschen wird die Ähnlichkeit zwischen beiden betont.

GEGENÜBER Wenn man prosaische Steine in einem grafischen Muster auf einem hübschen Hintergrund befestigt, wird daraus ein Kunstwerk. Diese Sammlung ist das Ergebnis einer Familienreise nach Paros in Griechenland. Da die Familie ihren Lieblingsstrand nicht einpacken und mitnehmen konnte, tat sie das Zweitbeste: einen Beutel KIESELSTEINE im Koffer mit zurückschleppen. Zu Hause wurden die Steine nach Größe und Farbe sortiert und auf Papier geklebt: Eine Art tägliche Meditation über eine Sommerwoche am Meer.

DIESE SEITE Walter Gropius teilte sich den Schreibtisch mit seiner Frau und Mitarbeiterin Ise in ihrem Haus in Lincoln, Massachusetts. Die Arbeitsfläche (entworfen von seinem Bauhaus-Kollegen Marcel Breuer) wirkt wie ein Sammelalbum, das Auskunft gibt über den Alltag und die Reisen des Paares: belegt mit Steinen, Zweigen und anderen Mitbringseln von Spaziergängen. Der Walnuss-Schreibtisch steht unter einem nach Norden zeigenden Fensterband, durch das die umgebende Landschaft eingerahmt wird. So konnten beide im Kontakt mit der Natur arbeiten.

GEGENÜBER Vizcaya Museum and Gardens in Miami in Florida ist ein Paradies der Gartenbaukunst und ein Traum für jeden Naturalisten. Die dem Stil nach italienische Villa war die Winterresidenz des Industriellen James Deering, der mit dem Landschaftsarchitekten Diego Suarez und dem Künstler Paul Chalfin zusammenarbeitete, um eine eindrucksvolle SEENLANDSCHAFT zu gestalten: darin Orchideen, subtropische Pflanzen und alte Eichen, von denen viele von anderen Orten hierher versetzt wurden.

DIESE SEITE James Deering sammelte auch Statuen, Korallenstein und ARCHITEKTURFRAGMENTE aus Europa, darunter einen italienischen Brunnen aus dem 15. Jahrhundert. Die Pfeiler, die das spiegelnde Becken der Grotte säumen, wurden an Ort und Stelle gemeißelt.

GEGENÜBER Das Sammeln von Fossilien fasziniert jeden Naturalisten. Er verliebt sich in Sandrosen, Cape May Diamonds, Petoskey Steine, Quarz und Pyrit in ihrer Rohform. Eine solche Sammlung ist wie eine Geschichte der Welt: MINERALIEN sind das Älteste, was man sammeln kann, ein Symbol für den Kern und den Ursprung der Erde. Tausende von Jahren der Evolution und des Gesteinsdrucks finden sich in diesen kleinen Objekten wieder, die man mit nach Hause nehmen kann.

DIESE SEITE Dieser Sammler, ein Fotograf, hebt von jedem Strand, den er besucht, eine HANDVOLL SAND auf. Er lagert den Sand in kleinen Gewürzgläsern und beschriftet diese mit dem Herkunftsort. Die Idee ist leicht umzusetzen, kostet kaum etwas und ist dennoch ein ganz entzückendes Andenken. Die Sammlung steht auf einem Regal im Wohnzimmer, wo sie zwischen Kunstwerken einen hervorragenden Platz einnimmt.

FÜR ENTHUSIASTEN IST DAS SAMMELN ein pausenloses, alles vereinnahmendes Unternehmen. Sie leben jeden Tag mit ihrer Passion und integrieren exotische Keramik oder Landschaften des Wilden Westens in ihr tägliches Umfeld. Der Saisonsammler hingegen konzentriert seine Anstrengungen auf einen einzigen Anlass, sei es ein bestimmter Feiertag (Weihnachten), eine Jahreszeit (Herbst) oder ein Sportereignis (America's Cup). Zwar sammeln diese Sammler übers ganze Jahr ausgestopfte Rentiere, Anstecknadeln mit nationalen Symbolen oder Objekte, die mit Segeljachten zu tun haben, aber die Sammlung selbst wird nur einmal im Jahr vorgeführt, oft nur für ein paar Tage. Drei Dutzend Truthahn-Suppenschüsseln versammeln sich an Thanksgiving

---

Saisonsammler sind im Herzen Pragmatiker, für die übertriebene Anhäufungen von Gegenständen ein Gräuel sind. Weihnachten gilt dies allerdings nicht. Da fühlen sie sich ermutigt, aus sich herauszugehen, und nicht nur ihren Baum, sondern auch ihr Heim zu schmücken (und vielleicht sogar ihren Garten) – denn sie wissen, dass diese Zeit bald ein Ende hat. Viele kümmern sich dabei nicht um Traditionen und entscheiden sich für überraschende Elemente wie diesen eisig glitzernden PLASTIKBAUM.

auf dem Esstisch und ziehen sich nach den Feierlichkeiten wieder in einen Schrank zurück.

Was an diesem Sammlertyp besonders fasziniert, ist nicht die Sammelmethode oder der Entscheidungsprozess für das eine oder das andere Objekt. Es ist der Zeitpunkt, an dem sie ihre Schätze ausstellen, sowie die Art und Weise: allumfassend, aber nur kurz. Saisonsammler sind im Allgemeinen rationale, ver-

nünftige Wesen. Sie suchen ständig nach Wegen, ihre Umgebung nach praktischen Gesichtspunkten einzurichten, so dass sie nur wenig Zeit für deren Pflege aufwenden müssen. Das Sammeln läuft diesem Impuls entgegen. Also lenken sie ihren Tick so, dass er sich nur periodisch bemerkbar macht. Ein Sammler, dessen Heim in geschmackvollen Erdtönen eingerichtet ist, bedeckt an jedem Osterfest jede Oberfläche mit Hunderten von Plastik-Bonbonnieren in Hasenform. Ein ordentlicher Bankangestellter stellt seine Pferdefigürchen nur während des Kentucky-Derbys aus.

Saisonsammler können ansonsten sehr zweckorientiert sein, da sie ein Ventil für ihre Fantasie besitzen und in Vorfreude auf deren Darstellung leben. Ihre Sammlung ist der Teil ihres Lebens, in dem sie allen Verrücktheiten freien Lauf lassen. So finden sie – wie alle Sammler – zu einer besonderen Art der Selbstbeschränkung. Der Wunsch zu sammeln und das Gesammelte auszustellen ist da, wird aber ganz und gar kontrolliert. Außer im Dezember, wenn alte deutsche Weihnachtsfiguren das Regiment übernehmen. (Im Extremfall widmet der Saisonsammler seiner Passion einen ganzen Raum seines Hauses.)

Es ist nicht überraschend, dass Saisonsammler sich besonders durch Festtage motivieren lassen. Weihnachten ist besonders anziehend (selbst für Konfessionslose). Das Fest wirkt wie eine Lizenz zum Anhäufen von Weihnachtskugeln, Rentierfiguren, Schneekugeln, künstlichen Bäumen, Krippen und Nussknackern.

Judaika sind ein weiteres Sammelgebiet, insbesondere da so wenig aus dem 18. und 19. Jahrhundert überdauert hat. Eigentlich bietet jeder religiöse oder nationale Feiertag eine Gelegenheit zum Sammeln: das chinesische Neujahr, Passah, der mexikanischen Totensonntag, der französische Nationalfeiertag, Karneval. Besonders in den letzten zwanzig Jahren ist Halloween zu einem Phänomen geworden, das zur Ausgabe von Unsummen für Nippes animiert.

Aber Feiertage sind nicht der einzige Anlass, an dem sich Saisonsammler austoben. Sportereignisse sind auch sehr anziehend, ein Freibrief zum Sammeln von Fußbällen mit Autogramm, Anstecknadeln von olympischen Spielen, Trikots mit Nummer und alten Trophäen. Und der Beginn des Winters, Frühlings, Sommers oder Herbstes ist für manche eine willkommene Entschuldigung dafür, ihre Sammlung von Vintage-Gießkannen oder herbstlichem Tischschmuck auszupacken. Diese Art des Sammelns wird durch Wetterwechsel motiviert – der Impuls hat tiefe Wurzeln: Viele Festtage – egal ob religiöse oder kommerzielle – entstanden, um den Frühlingsbeginn oder die reiche Ernte des Herbstes zu feiern.

Letztlich sind saisonale Sammlungen ein Ersatz, ein Symbol für etwas anderes, sei es Romantik, die Gemeinschaft, Patriotismus oder die Familie. Oft ist ein wichtiger Augenblick in der Kindheit der entscheidende Auslöser: Ihr ganzes Erwachsenenleben bemühen sich viele, die wunderbare Fröhlichkeit des Weihnachtsabends aus ihrer Kindheit immer wieder aufleben zu lassen. Sie können es einfach nicht vergessen. Und warum sollten sie auch? Es gibt einen solchen Schatz an Sammlerobjekten, mit deren Hilfe sie sich einmal im Jahr daran erinnern können.

SCHNEEMÄNNER sind ein beliebtes Sammlerobjekt und man kann sie weltweit auf Flohmärkten finden. Im Allgemeinen bestehen sie aus Glas, Plastik oder – die weiche Ausstrahlung frisch gefallenen Schnees nachahmend – aus gepresster Baumwolle. Da diese Festdekorationen klein und süß und in ruhigen Farben gehalten sind, wirken sie nie zu aufdringlich.

Weihnachtsbäume müssen keine Tannen sein. Der schräge Charme eines aerodynamischen BONSAIS mit Rentieren kommt auf diesem Tisch perfekt zur Geltung.

LINKS Die kultigen AVENA-VASEN des finnischen Designers Tapio Wirkkala aus der Mitte des 20. Jahrhunderts sehen aus, als wären sie aus Eisblöcken gemeißelt. Die Glasgefäße sind chic und zeitlos und wahrhaft für alle Jahreszeiten geeignet. Aber wenn man Nadelbaumzweige hineinsteckt, sehen sie richtig winterlich aus.

UNTEN LINKS Man kann passend zu einer Saison auch Farben sammeln: zum Beispiel Grün für Weihnachten. Dieser Baum wurde in einen grün glasierten KERAMIKTOPF gepflanzt, der von Wedgwood bekannt gemacht und unzählige Male kopiert wurde. Wenn man passende Glaskugeln hinzufügt, erhält man einen modernen, monochromatischen Tischschmuck.

UNTEN RECHTS Diese Sammlung ist eine Verbeugung vor den RENTIEREN des amerikanischen Santa Claus und stammt aus dem 19. Jahrhundert. Die Figuren sind aus Blei und Bronze und schauen zu einem Weihnachtsbaum mit Eiszapfen aus Glas auf. Einige stammen aus Wien und sind sehr geschätzt wegen ihrer realistischen Details. Die Rentiere gab es in allen möglichen Größen und Haltungen.

Dieser Saisonsammler feiert den Beginn des Winters, indem er seine Kollektion wollener TAM-O'-SHANTERS herausholt. Der Ursprung dieser Bommelmützen ist schottisch. Authentische Exemplare tragen ein Etikett des Familienclans im Inneren der Krempe. Diese schottischen Mützen stehen nicht als einzige für eine Jahreszeit: Mit Blumen geschmückte Osterhüte kündeten den Frühling an.

Die Heimtextilien je nach Saison auszuwechseln, ist ein altmodisches Ritual, das immer noch praktiziert wird. Anstatt Laken, Hand- und Tischtücher in den Schrank zu verbannen, kann man sie auch besticken und festliche Vorhänge oder Kissen daraus machen. Die Kissen hier sind aus WEIHNACHTS-TASCHENTÜCHERN gefertigt, von denen es unendliche Variationen gibt.

GEGENÜBER Vintage-Taschentücher und **BETTWÄSCHE** bilden eine Sammlerkategorie wie Postkarten und Bonbongefäße. Sammler mit scharfen Augen können praktisch für jeden Feiertag passende Textilien finden. Hier wurde der Stoff gedehnt, wie ein Kunstwerk gerahmt und so in einen dekorativen Wandschmuck verwandelt.

DIESE SEITE Manche unter den Weihnachtssammlern lieben es, in jeden Raum einen Baum zu stellen und diese dann thematisch unterschiedlich zu dekorieren. Eine fröhliche Alternative zur traditionellen Tanne: die künstliche Version mit Zweigen aus Federn. Mit unterschiedlichen **LEBKUCHENHÄUSERN AUS PAPPE** geschmückt, wirkt dieser wie ein Bergdorf. Es ist schwer, unbeschädigte Exemplare solcher Papphäuser zu finden, da das Material nicht sehr stabil ist und die Zellophan-Fenster meistens zerrissen sind.

Der Valentinstag ist etwas für die Liebhaber herzförmiger Schmuckstücke. HERZ-MEDAILLONS UND TALISMANE sehen am Handgelenk, an den Ohren und am Hals wunderbar aus – aber auch, wenn sie auf Frisier- und sonstigen Tischen arrangiert werden. Obwohl dieser Feiertag erst zu Beginn des 20. Jahrhunderts vor allem aus kommerziellen Gründen populär gemacht wurde, hat er seine Wurzeln eigentlich im antiken Rom. In dieser Sammlung findet man Anhänger aus vielen häufig vorkommenden Materialien: Steine, Plastik, Glas, Gold und Silber.

GEGENÜBER Nach Bildern von Lieblingsstaatsmännern zu suchen ist schon lange ein Trend in Amerika, und die vielen patriotischen Feiertage geben dem Saisonsammler genug Gelegenheit, seine Schätze auszustellen. Besonders allgegenwärtig sind GEORGE-WASHINGTON-MEMORABILIA, von Erinnerungsmünzen und Buchstützen über Sparschweine bis zu Souvenirlöffeln. In dieser Sammlung findet man welche mit dem Profil des Präsidenten oder auch fantasievolle Bilder von Äxten, Kirschbäumen und Gebäuden, die nach ihm benannt sind.

DIESE SEITE BONBONBEHÄLTER gibt es zu allen Jahreszeiten – von Neujahr bis Weihnachten. Hasen verweisen allerdings auf Ostern. Diese deutschen Behälter vom Ende des 19. Jahrhundert haben ein wundervolles Design und sind unerhört detailgenau gestaltet. Können Sie das echte Kaninchen von denen aus handbemaltem Gips und Pappmaché unterscheiden?

DIESE SEITE In den USA ist der Markt für patriotischen Flaggenschmuck riesig, aber eine mit Edelsteinen besetzte Anstecknadel kann man, falls man Glück hat, immer noch für fünf Dollar auf dem Flohmarkt bekommen. Diese funkelnden FLAGGEN-NADELN aus Strass sind in den unterschiedlichsten Varianten erhältlich; hier sind unter anderem Exemplare aus dem frühen 20. Jahrhundert zu sehen.

GEGENÜBER Jedes Land hat einen Nationalfeiertag, in Frankreich ist dies der 14. Juli. Diese Sammlerin kramt zu Ehren des Geburtstags der französischen Republik ihr ROT-WEISS-BLAUES GEDECK heraus und setzt von Flaggen inspirierte Akzente. Manche Saisonsammler präsentieren ihre Schätze im Wohnzimmer, andere auf der Veranda, aber für viele ist der Esstisch der wichtigste Ausstellungsort.

DIESE SEITE Die Regenbogenfarben des »CARNIVAL GLASS« passen zu allen Herbstfesten. Man kann diese schimmernden Gläser für ein Herbstmahl oder eine edlere Halloween-Party verwenden. Wechselnde Gedecke waren in der Zeit vor Erfindung der Geschirrspülmaschine praktisch unerlässlich: Wenn man das Geschirr von drei Mahlzeiten pro Tag von Hand spült, sehnt man sich nach Abwechslung. Die Hochzeit dieser Glaswaren lag in dem Jahrhundert zwischen 1870 und 1970.

GEGENÜBER Wenn man gepresste Gläser nur saisonal verwendet, wirken sie eleganter, weniger skurril. »Carnival glass« erhält seinen Schimmer durch eine metallische Beschichtung. Sein pfirsichfarbener Ton funkelt besonders, wenn es vor einen schwarzbraunen Hintergrund gestellt wird.

Eine Nordmanntanne mit kleinen Glaskugeln als Symbol für Weihnachten ist völlig in Ordnung – aber warum nicht mal etwas Ungewöhnlicheres wagen? Unter einem hölzernen Hirschkopf, der auf freche Weise an alte Tierpräparate erinnert, befindet sich eine Versammlung von VINTAGE-ROTWILD aus Zelluloid.

Im Gegensatz zu vielen Saison-Sammeleien haben Bacchus-Krüge (so wie die meisten Dinge aus der Halloween-Zeit) überhaupt nichts Niedliches. Ganz im Gegenteil – sie sind ein bisschen zum Fürchten. Bacchus war der römische Gott des Weines, und sein Abbild wurde später als Symbol für eine Zeit des Überflusses verwendet.

EINE PYRAMIDE IST EINE LUSTIGE MÖGLICHKEIT, VERSCHIEDENE ARTEN VON KRÜGEN ZU PRÄSENTIEREN – EGAL OB ZU EINER BESTIMMTEN SAISON ODER NICHT.

DIESE SEITE Man kann das US-amerikanische Thanksgiving nicht ohne TRUTHAHN-NIPPES feiern. Ein perfekter Blickfang: Vintage-Bonbonbehälter wie diese aufgeplusterten Vögel, deren Papieroberfläche von Hand bemalt wurde. Diese Exemplare imponieren durch ihre Größe und – ganz ungewöhnlich – zu ihnen gehört auch eine Henne.

GEGENÜBER Diese Sammlerin lebt in Michigan, wo die Winter unendlich zu sein scheinen. Ihre Sammlung von TRUTHAHN-TELLERN wird das ganze Jahr über ausgestellt. Sie ist die extremere Version eines Saisonsammlers, bei der eine einst befristete Sammlung sich auf einen ganzen Raum ausgedehnt hat. Die Wandfarbe dahinter wurde von der Farbpalette der Teller bestimmt. Die meisten ihrer Teller stammen aus dem frühen 20. Jahrhundert, unter anderem einer von der britischen Art-Déco-Keramik-Künstlerin Clarice Cliff (unten links).

WINTER IST DIE IDEALE JAHRESZEIT FÜR UNSERE SAMMELLEIDENSCHAFT: DIE TAGE SIND KURZ UND WIR SUCHEN NACH WEGEN, UNSERE WOHNUNGEN FRÖHLICHER ZU GESTALTEN.

DIESE SEITE **KUGELN** sind die begehrtesten und auch teuersten der weihnachtlichen Sammlerobjekte. Sie stammen von deutschen und französischen Kunsthandwerkern und sind aus sehr schwerem Glas. Für gewöhnlich sind sie rund und grün, silbern oder golden. Violett ist am seltensten, Rosarot fast genauso schwer zu finden. Artischocken- und Traubenformen sind besonders begehrt (und können ein paar tausend Dollar kosten).

GEGENÜBER Die frühesten künstlichen Weihnachtsbäume wurden im 19. Jahrhundert aus Federn hergestellt. Dieses Gänsefeder-Bäumchen ist ein poetisches Beispiel dieser Gattung. Es ist geschmückt mit wunderhübschen kleinen Kugeln in übersichtlichen Farbtönen.

DIE MEISTEN SAMMLERTYPEN SIND PRAKTISCH VERANLAGT. Sie beschränken sich auf ein bestimmtes Farbenspektrum (der Kolorist), auf eine bestimmte Zeit (der Saisonsammler) oder auf den Erwerb von kleinen Dingen, die wenig Platz einnehmen (der Miniaturist). Für die Pragmatiker geht es nicht darum wie, sondern darum, was sie sammeln, und das sind Dinge, die nützlich sind. Pragmatiker schätzen altertümliche Schlüssel, alte Besen, Gießkannen aus dem 19. Jahrhundert, altmodische Sehhilfen und Flaschenöffner sowie andere nützliche Werkzeuge. Oft wird das Sammeln, obwohl es für viele eine fast unbedingte Notwendigkeit ist, als Schwäche angesehen. Indem sie nach nützlichen Objekten suchen, verschaffen sich Pragmatiker so etwas wie eine

---

Kaum zu glauben, dass es einfache LÖFFEL in einer solchen Variationsbreite gibt. Im Allgemeinen sind es die sehr dekorativen Löffel, die am meisten Bewunderung hervorrufen. Diese Sammlung würdigt allerdings eher die strenge Schönheit nützlicher, schmuckloser Exemplare. Sie umfasst historische und moderne Löffel – von der Kelle bis zum Teelöffel – aus Metall, Holz, Keramik, Knochen, Plastik und Presspappe.

Erlaubnis, diesem scheinbar überflüssigen Drang nachzugeben. Selbst für die zögerlichsten Sammler ist die Nützlichkeit eine Ausrede, noch einen weiteren Korkenzieher oder Zinkkübel anzuschaffen.

»Na, ich könnte wirklich noch einen brauchen«, denkt der Pragmatiker, während er an der Kasse ansteht.

Wenn er dann dem Bloß-noch-einen-Impuls nachgegeben hat, wird das Objekt natürlich keineswegs in Dienst genommen. »Praktisch« ist einfach nur ein Vorwand, der den Erwerb befördert. Die Krug-Sammlung des Pragmatikers steht zwar in der Küche, aber nur ein oder zwei der Trinkgefäße machen regelmäßig die Runde. Alle anderen werden in gefälliger Komposition in einer Glasvitrine präsentiert oder dicht gedrängt über einem Türrahmen inszeniert. Obwohl sie sich nach praktischen Gesichtspunkten richten, finden Pragmatiker oft recht fantasievolle und erfinderische Arten der Präsentation. Sie arrangieren überzählige gusseiserne Backformen zu einer unerwartet schicken Kaminrückwand oder sie hängen sie dekorativ an die Esszimmerwand. Praktisches Denken und Kreativität gehen Hand in Hand.

Charakteristisch für den Pragmatiker ist die enzyklopädische Erforschung des von ihm gewählten Themas. Typischer Weise sammelt er große Mengen, weil er so das Thema umfassend begreifen kann. Er begeistert sich dafür, wie die unterschiedlichen Formen von Kurvenlinealen oder Borstenpinseln verschiedenartige Verwendung finden. Er hat ein fast akademisches Interesse daran, zu begreifen, wie Formvariationen sich von einzigartigen

(und teilweise veralteten) Funktionen herleiten. Er liebt deshalb Salzlöffel und Senflöffel, Eierlöffel, Kaffeelöffel, Suppenlöffel und ist bei seiner Sammlung von Krügen fasziniert von den Unterschieden zwischen Sahnekännchen, Milchkrügen und Waschtischkrügen.

Der Pragmatiker entdeckt in nützlichen und notwendigen Gegenständen eine große Kunstfertigkeit. Für ihn sind Back- und Puddingformen Skulpturen, selbst gemachte Gießkannen Volkskunst und allein die Palette eines Malers ist für ihn schon ein abstraktes Gemälde. Pragmatiker sind fasziniert von Kulturen, die aus ästhetischer Reinheit und sparsamen Formen eine Religion machen. Sie sammeln Besen der Shaker-Gemeinde, Hammer von englischen Werkzeugmachern des 19. Jahrhunderts und japanische Pinsel. Sie finden auch Geschmack an Dingen, die für die industrielle Anwendung gedacht, aber auch zu Hause brauchbar sind – zum Beispiel Laborkeramik: minimalistisch, unverschnörkelt und nützlich. In häuslicher Umgebung wirken diese alten Gerätschaften äußerst modern.

Obwohl das, was der Pragmatiker begehrt, anspruchslos aussieht, ist es nicht notwendigerweise billig. Sicher, altertümliche Schlüssel kann man für wenig Geld finden, das gleiche gilt für Salzlöffelchen. Aber Kuriositäten wie zum Beispiel ein Zollstock aus Elfenbein aus dem 18. Jahrhundert kosten oft Tausende. Ihr steigender Wert entspricht der sich erweiternden Definition von dem, was einen Sammlerwert hat, und der Zeitlosigkeit und bleibenden Nützlichkeit von jahrzehnte- oder jahrhundertealten Werkzeugen.

Der bescheidene Schlüssel ist ein seit Langem in Gebrauch befindlicher Gegenstand, dessen stilistische Vielfalt fasziniert. In dieser Sammlung befinden sich Schlüssel für Türen, Koffer, Vorhängeschlösser, Küchenschränke, Bücherschränke.

GEGENÜBER Obwohl ein alltäglicher Gegenstand wie der Krug vor allem nützlich ist, existiert er in vielen stilistischen Varianten. Bauch, Henkel und Ausguss geben Anlass zu unterschiedlichsten Gestaltungen. Diese Sammlung von KRÜGEN AUS STEINZEUG, STEINGUT UND MILCHGLAS verbindet die einheitliche Farbpalette von Cremetönen bis Weiß.

DIESE SEITE In einem abseits gelegenen Flur wurde hier das »Loblied« auf den Krug inszeniert – sparsam, aber äußerst dekorativ sind bauchige, glasierte Keramikgefäße angeordnet und auf dem Tisch setzt eine SELTENE GLASFANTASIE einen starken Akzent. Dieser Pragmatiker nutzt unerwartete (aber praktische) Präsentationsflächen aus: nicht nur den Fenstersims, sondern auch den Vorsprung über der Tür.

Mit ihren klaren Bauhaus-Linien passen INDUSTRIELL HERGESTELLTE VINTAGE-KERAMIKEN fürs Labor gut in ein modernes Zuhause. Am begehrtesten sind Exemplare aus dem frühen 20. Jahrhundert von Coors, einer Firma aus Colorado/USA, die immer noch für wissenschaftliche und medizinische Labors produziert. Der hoch gebrannte Scherben sollte widerstandsfähig gegen extreme Hitze sein, während das Material durch die Glasur einfach zu reinigen und undurchlässig für Chemikalien ist. Diese Eigenschaften eignen sich hervorragend für Anwendungen in der Küche.

Altertümliche MESSZYLINDER UND MESSBECHER kann man leicht datieren: Frühe Exemplare wurden frei geblasen und die Maße von Hand graviert, während spätere in Formen gepresst und geätzt wurden. Die Gefäße wurden oft entsprechend ihrem Zweck beschriftet.

GEGENÜBER Gusseiserne BACKFORMEN wurden oft als Dreingabe an Kunden verschenkt, die einen neuen Backofen gekauft hatten. Sie werden wegen ihres skulpturalen Aussehens und ihrer erfinderischen Strukturmuster geschätzt, aber auch ihre Funktionalität ist überragend. Die alten, gusseisernen Formen halten und verteilen die Hitze besser.

DIESE SEITE Es gibt viele kreative Arten, eine Sammlung von BACKFORMEN zu präsentieren, aber diese Idee, einen Kamin damit auszukleiden, ist großartig. Das Konzept ist tatsächlich sinnvoll, da die gusseisernen Oberflächen die Hitze in den Raum abstrahlen und die Feuerstelle schützen, ganz so wie eine traditionelle Kaminrückwand. Die Backformen gab es in einem breiten geometrischen Spektrum: von den allgegenwärtigen Maiskolben-Formen bis zu ungewöhnlicheren Herzen und Rosetten.

DIESE SEITE Mithilfe dieser BACKFORMEN entstanden SCHICHTTORTEN, die oft Abschluss und Krönung eines großen Festes waren. Eine Ansammlung wie diese kann man ineinanderstecken – oder stapeln und so zum Gesprächsthema machen.

GEGENÜBER Back- und Puddingformen gab es in vielen Materialien, von luxuriösem Kupfer bis zu diesen Zinn- und Aluminium-Exemplaren von österreichischen und deutschen Herstellern. (Oft haben sie seitlich einen Stempel des Herkunftslandes.) Die Formen werden hier auf mehreren Ebenen auf einem kleinen Tisch präsentiert und sehen aus wie modernistische Pavillons. Darüber hängen kleine GELEEFÖRMCHEN; viele davon waren Werbegeschenke.

Pouillot Léon

GEGENÜBER Kurvenlineale und Geodreiecke sind zweckmäßige Utensilien mit dekorativem Wert. Jedes dieser Lineale hatte einen bestimmten Zweck, zum Beispiel die komplexen Kurven eines Bootskörpers zu zeichnen. Heutzutage sind diese KONSTRUKTIONSWERKZEUGE meist aus Plastik oder Metall, aber früher machte man sie aus stabilem Hartholz wie Birnbaum, Mahagoni oder Stechpalme.

DIESE SEITE Mit dem Handhobel geglättete HÖLZERNE PALETTEN aus einem einzigen Holzstück stehen im Dienste der Malerei und wirken – gesprenkelt mit getrockneten Farbklecksen – selbst wie abstrakte Gemälde.

WENN MAN GEGENSTÄNDE DER GRÖSSE NACH ANORDNET, WIRD DIE AUFMERKSAMKEIT AUF DIE KURVIGEN UMRISSE GELENKT.

GEGENÜBER Alte GEGENSTÄNDE haben eine Geschichte, die von ihrer Entstehung und ebenso von späteren Reparaturen zeugt, die notwendig waren in Zeiten, als man ein kaputtes Geschirrteil nicht einfach durch ein neues ersetzen konnte. Diese Porzellanplatte wird von Metallklammern zusammengehalten, eine im 18. und 19. Jahrhundert häufige Reparaturmethode. Von chinesischen Handwerkern wurde diese Technik perfektioniert.

DIESE SEITE Dieses leuchtende Arrangement sieht aus wie eine Gruppe von VOTIVGLÄSERN, aber tatsächlich war keines dieser Gläser als Kerzengefäß gedacht. Die Sammlung besteht unter anderem aus billigen Vasen, Trinkbechern, Gläsern mit Farbverlauf und Bechern zur Joghurtbereitung aus den 1960er-Jahren.

SALOON

VIELEN SAMMELGEGENSTÄNDEN HAFTET eine gewisse Ernsthaftigkeit an: skandinavische Möbel des 18. Jahrhunderts, alte Münzen, chinesisches Exportporzellan, Muranoglas. Sie sehen schon wie wertvolle Antiquitäten *aus* und werden normalerweise auch so behandelt – das heißt mit angemessenem Pomp ausgestellt. Im Haus des Sammlers nehmen sie einen besonderen Platz ein – ebenso wie in seinen Gedanken. Im Gegensatz dazu vermitteln die Sammlerobjekte des Fantasten etwas Unbeschwertes, vielleicht sogar Absurdes: Ihr Zweck ist es, den Sammler zu erfreuen. Der Fantast begeistert sich für völlig verrückte Dinge: Rührstäbchen mit Hummergriff, Backsteine mit gestickter Hülle, ein Miniatur-Feuerwehrauto in einer Glasflasche mit engem Hals (Wie ist es da nur

---

Diese GLASFLASCHEN haben keinen praktischen Zweck, sie dienen als Ausstellungsgefäße für handgefertigte Volkskunst. Zierlich geschnitzte Fahrzeuge, Schiffe und aufwendige Miniaturszenen wurden in die Flaschen bugsiert und mit kunstvoll gestalteten Korken verschlossen.

hineingekommen?). Diese Dinge haben keine andere Funktion außer Vergnügen zu bereiten und die Fantasie anzuregen.

Fantasten sehnen sich nach Freude, Ausgelassenheit, etwas Bewundernswertem in ihrem täglichen Leben und sie finden dies in ihrer Vintage-Welt. Fantasten umgeben sich mit verschnörkeltem Geschirr, ausdrucksvoll gemusterten Bettbezügen und Op-Art-Kleidung. Sie suchen nach Dingen, die sie in eine glücklichere Fantasiewelt entführen. Wie eine Zeitmaschine schleudert die Sammlung des Fantasten ihn direkt in die Goldenen Zwanziger oder in eine Disco der 1970er-Jahre und lässt den einzigartigen Stil einer bestimmten Epoche wieder lebendig werden.

Der Fantast ist so etwas wie ein Sofa-Reisender, der sich nach alten, auf Seide gedruckten Flugkarten sehnt. Reiseführer aus dem 19. Jahrhundert sind zum größten Teil nicht mehr aktuell und als Informationsquelle ungeeignet. Für den Sammler unserer Tage aber werden sie zu einem nostalgischen Dokument einer vergangenen Epoche, einer Zeit, als moderne Vergnügungsreisen gerade erst in Mode kamen. In seinen Händen erleben sie eine Renaissance als schönes Objekt, mit dem sich exotische Orte heraufbeschwören lassen und die zu einem Lächeln inspirieren.

Den Fantasten reizen Dinge, die eigentlich dekorativ sind, sich aber dennoch den Anschein von Nützlichkeit geben: »Körbchen« in Perlenstickerei, die keinen Boden haben und ihren Inhalt verlieren würden. Zur gleichen Art gehören Hüte, die aussehen wie Buchstützen, Spucknäpfe, Vorratsbehälter und Ähnliches. Obwohl solche Dinge eine Funktion vorgeben, sammeln Fantasten sie als reine Kunstobjekte.

Der Fantast interessiert sich für Haushaltsgegenstände, die vorgeben sinnvoll zu sein und doch nur in einem ausschließlich dekorativen Zusammenhang ihren Platz finden. Denken Sie nur an ein aus Marmor gemeißeltes Buch,

das keine andere Funktion hat, als zu bezaubern; oder an einen Salzstreuer in Form eines Brokkoli-Röschens. Man kann seinen Kaffee zwar mit einem Souvenirlöffel aus dem Jahr 1890 umrühren, dessen Silbergriff wie ein Krokodil aussieht – aber besser ist es, solche Andenken einfach nur auszustellen. Da der Fantast zu Dingen wie Glaswaren, Rührstäbchen, Textilien und Türstoppern neigt, scheint er eine starke pragmatische Ader zu haben. Allerdings haben Kleiderbürsten, die aussehen wie Herren mit Zylinderhut, kaum einen ausschließlich praktischen Wert, besonders wenn sie in großer Zahl – wie bei einer Verkaufsausstellung – auf einem Kaminsims aufgereiht sind. Der Fantast täuscht nicht einmal Interesse an Nützlichkeit vor: Sein einziger Antrieb ist das Vergnügen.

Da Fantasten allein am Aussehen interessiert sind und nicht an Herkunft oder historischer Bedeutung, entwickeln sie bei der Präsentation ihrer Dinge oft besondere Kreativität. Sie platzieren einen Kuchenstand aus Glas wie eine Skulptur in der Mitte eines Esstischs oder nähen aus alten Geschirrtüchern hübsche Vorhänge und Kissenbezüge. Der Fantast liebt Übertreibungen, zum Beispiel stattet er eine kleine Kloschüssel mit Regalen aus und präsentiert darauf Hunderte von Glasfläschchen. Oder er verwendet Wände, Böden und Decken, um wertvolle antike Fliesen auszustellen. Auf diese Weise tauchen Fantasten völlig in die Welt ihrer eigenen Vorstellungen und Fantasien ein.

Man muss schon zweimal hinschauen: Die scheinbar vom Wochenmarkt stammenden Früchte und Gemüse sind eigentlich kleine Salz- und Pfefferstreuer – hier folgt die Form keineswegs der Funktion, sondern den Fantasien der Gestalter wird jede Freiheit gelassen.

Schatzsucher werden alle möglichen Dinge im Inneren von GLASFLASCHEN oder Glühbirnen versiegelt finden: Vögel, Boote, Möbel, ganze Szenen, Quasten, indianische Gottesaugen, Freimaurersymbole, Kruzifixe. Diese Miniobjekte – oft feinste Schnitzarbeiten – sind das Ergebnis großer künstlerischer Sorgfalt und wurden entweder teilweise im Inneren der Flasche hergestellt oder so geplant, dass sie zusammengelegt und nach der Einführung wie ein Schirm wieder aufgespannt werden konnten. Man kann die Arbeiten meist nach dem Alter der Flasche datieren. Die Zusammenstellung dieser Sammlerin stammt hauptsächlich aus dem Amerika des 19. Jahrhunderts. Unter ihren kostbarsten Funden ist eine horizontal aufzustellende Flasche, die einen Feuerwehrwagen einschließt. Weitere Kostbarkeiten sind ein Vogelbaum, Weber an einem doppelstöckigen Webstuhl, ein Haus mit zwei Stockwerken und möblierten Zimmern und ein Saloon. Obwohl viele dieser Kuriositäten von anonymen Handwerkern stammen, gibt es eine Handvoll berühmter Hersteller, deren Produkte sehr begehrt sind. Hier links eine Flasche von Warner, deren komplizierte Zusammenstellungen oft aus mehrstöckigen Innenräumen bestanden.

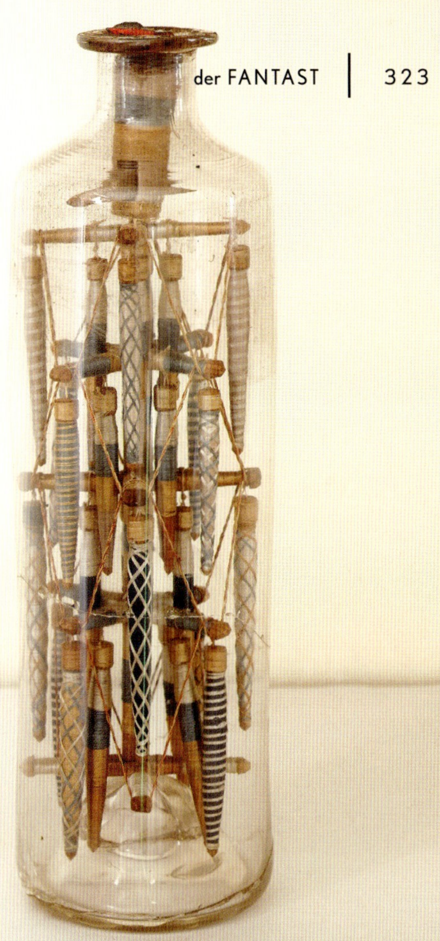

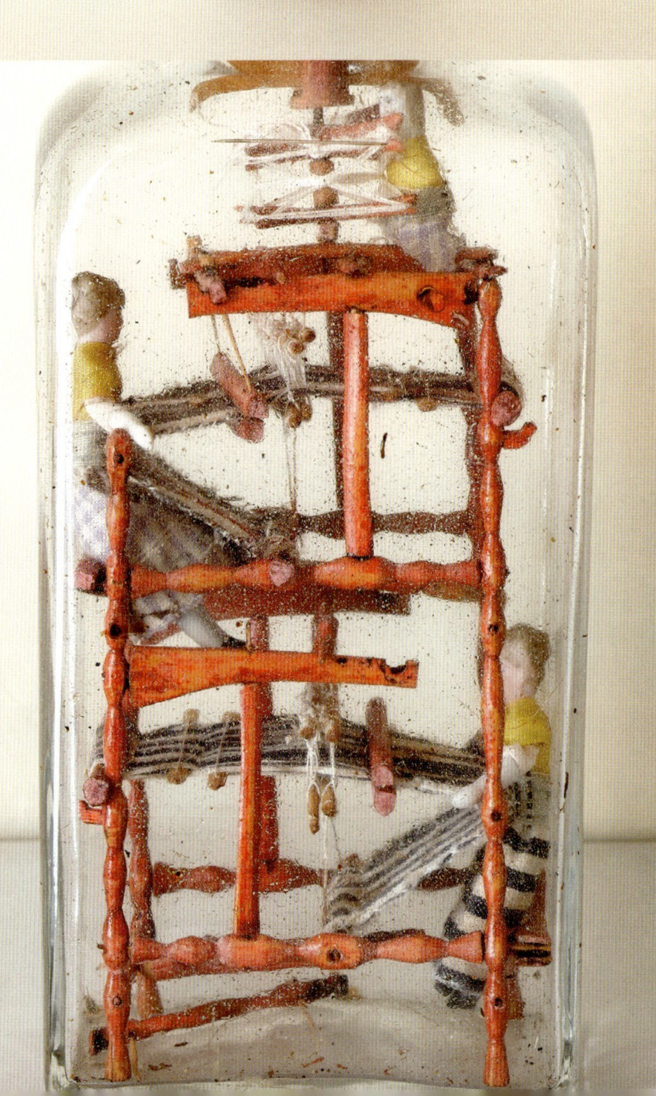

DIESE SEITE Gepresstes Glas lässt dem Gestalter viel Freiraum für seine Fantasien. Diese Technik erlaubte es, poetische Formen zu gestalten, die die Schönheit handgeschliffenen Glases imitierten und doch zu erschwinglichen Preisen hergestellt werden konnten. (Gepresstes Glas hat im Unterschied zu geschliffenem sichtbare Nähte.) Mit ihren spitzenartigen Mustern sind diese KUCHENSTÄNDE auch ein perfektes Podest für Pralinen.

GEGENÜBER Brillen sind ein Accessoire, das dem ständigen Wechsel der Moden folgt. Manche Leute sammeln nur SONNENBRILLEN oder einen bestimmten Brillenstil. An dieser Sammlung kann man die Entwicklung der Stile verfolgen: von den komischen Fassungen der 1960er-Jahre, über die langmähnigen der 1980er-Jahre bis zu den Retroformen der 1990er-Jahre.

DORAL

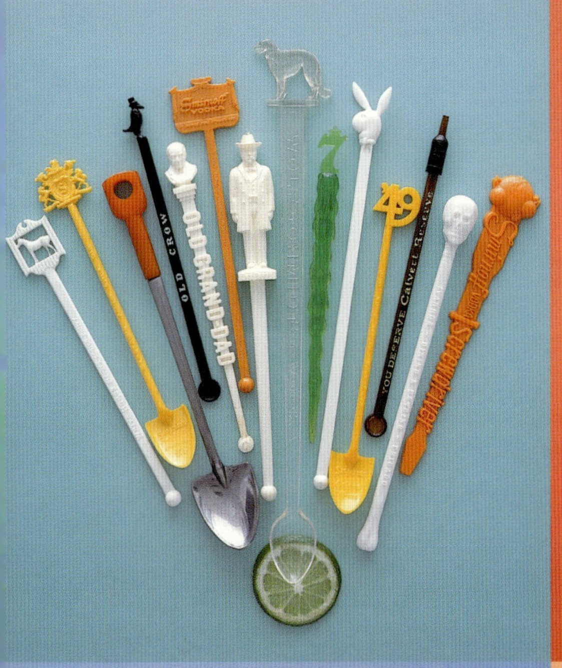
OLD CROW
49

DORAL

BANANAS STEAK HOUSE
PELICAN

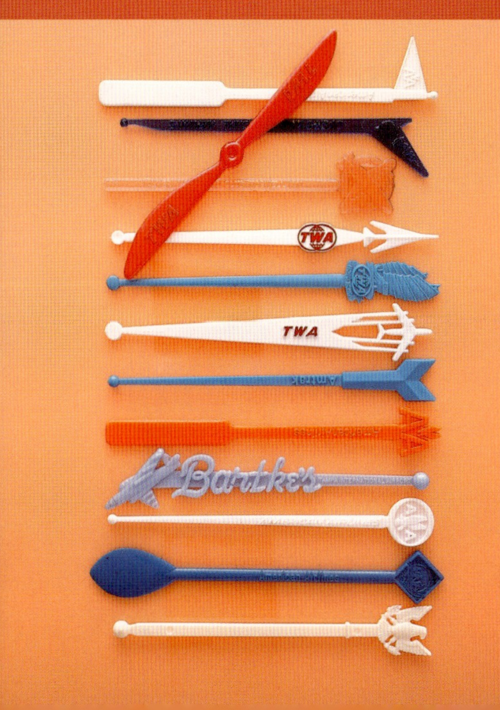
TWA
TWA
Bartke's

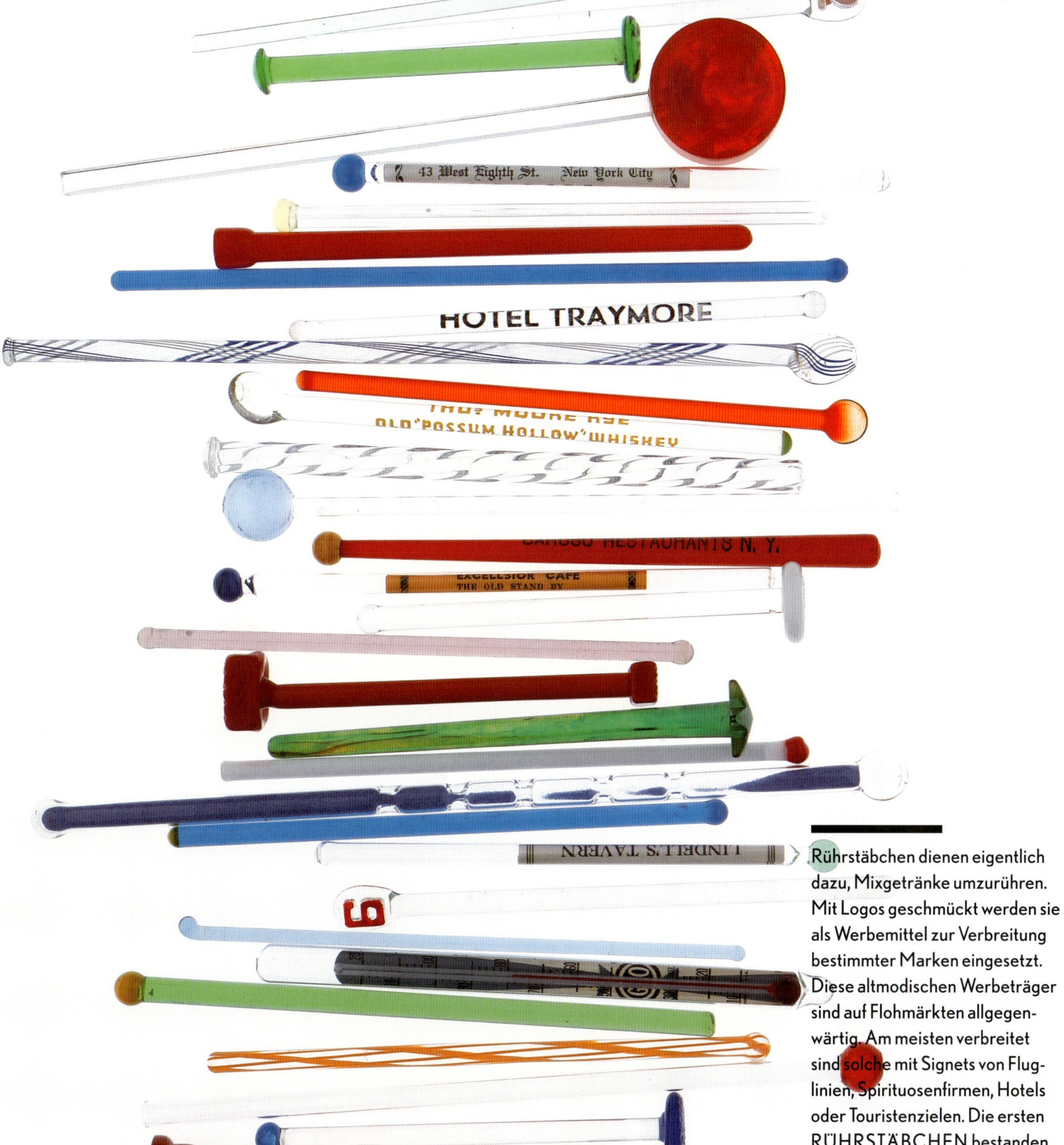

Rührstäbchen dienen eigentlich dazu, Mixgetränke umzurühren. Mit Logos geschmückt werden sie als Werbemittel zur Verbreitung bestimmter Marken eingesetzt. Diese altmodischen Werbeträger sind auf Flohmärkten allgegenwärtig. Am meisten verbreitet sind solche mit Signets von Fluglinien, Spirituosenfirmen, Hotels oder Touristenzielen. Die ersten RÜHRSTÄBCHEN bestanden aus Glas, seit 1933, als das Design patentiert wurde, herrscht Plastik vor. Genauer betrachtet sind Rührstäbchen ziemlich verrückte Gegenstände – und daher beliebtes Objekt unseres Sammlertyps. Aber sie sind auch praktisch, weil die winzigen Dinger nur wenig Platz brauchen.

Ein bloßer Backstein wäre ein funktionstüchtiger Türstopper, aber ihn in ein STICKBILD EINZUHÜLLEN, macht ihn zu einem Luxusgegenstand.

Eine Menge Platz an der Wand und zu wenig Geld für teure Kunst? Eine fantasievolle und preiswerte Alternative ist es, sich sein eigenes abstraktes Bild zu machen, indem man alte, preiswerte Textilien über einen Keilrahmen spannt und festtackert. Von Weitem sieht diese WOLLDECKE wie ein Gemälde aus (und dämpft außerdem die Akustik).

DIESE SEITE GESCHIRRTÜCHER bestanden früher meist aus Leinen oder Baumwolle. Es mag sich um einfache Haushaltsgegenstände handeln, aber sie sind ein begehrtes Sammlerobjekt. Textilexperten zahlen achtzig Dollar für ein seltenes Design von Tammis Keefe oder Vera, aber No-Name-Exemplare sind immer noch erschwinglich – und die hübschen Muster genauso schön.

GEGENÜBER Diese Zusammenstellung von alten TEXTILDRUCKEN auf Geschirrtüchern beweist den Ideenreichtum von Designern der Mitte des 20. Jahrhunderts. Ein weißes Tuch würde seinen Zweck auch erfüllen, doch diese fantastischen Muster erfreuen das Auge. Nur die Namen weniger Frauen wurden zu Markennamen. Designerinnen von Heimtextilien arbeiteten eigentlich im Verborgenen. Viele, die anonym blieben, waren außergewöhnlich talentierte Künstlerinnen und ihre Arbeiten – unter anderem Geschirrtücher, Taschentücher, Tischtücher – werden heute geschätzt.

CALORIES
ne nous
fachons pa
CHEER
Scotland

GEGENÜBER Warum nicht überzählige GESCHIRRTÜCHER, TISCHTÜCHER UND HALSTÜCHER aus der Schublade befreien und als Dekoration verwenden? Man kann aus ihnen Kissenbezüge, Quilts oder Vorhänge nähen oder sie auf ein Rollo kleben. Textile Landkarten wie diese wurden für alle Staaten der USA hergestellt.

DIESE SEITE Ein bisschen Durchhaltevermögen ist alles, was man braucht, um MIT LANDKARTEN BEDRUCKTE TISCH- UND TASCHENTÜCHER in einen Kissen-Cluster zu verwandeln. Oft haben alte Textilien Flecken oder ausgefranste Kanten. Mit kleinen Anpassungen beim Nähen kann man auch für sie eine neue Verwendung finden.

Die strahlend bunten Blusen und Etui-Kleider von Lilly Pulitzer waren immer beliebt und begehrt wegen ihrer frischen Farben. Das Label wurde von der Namensgeberin in den 1950er-Jahren gegründet und produziert heute gelegentlich wieder Vintage-Designs. Originale aus den 1960er- und 1970er-Jahren sind selten und sehr gesucht. Diese Sammlerin spezialisierte sich auf Damen- und Kinderbekleidung von Lilly Pulitzer.

Dieser Händler und Sammler von Vintage-Kleidung besitzt unter anderem eine große Sammlung von vierzig HERREN-BLAZERN VON LILLY PULITZER. Obwohl viele dieser Stücke auch im Museum hängen könnten, trägt er diese stimmungsaufhellende Freizeitbekleidung regelmäßig. Als Bewohner einer eher tropischen Klimazone ist er so jederzeit passend für einen Besuch am Pool gekleidet.

Dieser Fantast hat etwas für schrullige Herren übrig: Die eigenartige Versammlung besteht aus FLASCHENVERSCHLÜSSEN (aufbewahrt in einem ehemaligen Kasten für Zündkerzen unten) und KLEIDERBÜRSTEN (auf dem Sims). Sie sind aus handgeschnitztem und handbemaltem Holz und die meisten davon wurden im 20. Jahrhundert in Italien oder in Deutschland im Schwarzwald hergestellt, wo das Schnitzen eine lange Tradition hat.

Die Sammlung von Landkarten gibt dem Kinderzimmer ein weltläufiges Gepräge. Das Dekor breitet sich von den Wänden über die Decke aus und hüllt so das Zimmer beschützend ein – eine unerwartete Abweichung von der Standardausstattung dieser Räume. Alte Karten sind meist auf Papier gedruckt und werden auf Passepartouts montiert, bevor man sie so ausstellen kann, Schiffs- oder Flugkarten allerdings druckte man direkt auf leichtes Tuch (meist Seide oder Rayon), da dies sich nicht auflöste, wenn es nass wurde.

Dieser offene Kamin – einer von achtzehn in einem Schloss mit 44 Räumen – ist bedeckt mit einem Mosaik aus HANDGEFERTIGTEN FLIESEN von Henry Chapman Mercer, die in der in der Nachbarschaft befindlichen Fabrik hergestellt wurden.

Fonthill Castle in Doylestown, Pennsylvania, ist das frühere Heim von Henry Chapman Mercer, eine bedeutende Persönlichkeit der amerikanischen Arts & Crafts-Bewegung. Mercer hatte sich während seines Studiums mit Archäologie und Anthropologie beschäftigt, war außerdem Keramiker und gründete seine eigene Fliesenfabrik. Er sammelte europäische Drucke und dekorative Keramikfliesen aus der ganzen Welt: Jede Oberfläche seines Hauses ist bedeckt von antiken Fliesen aus Persien, China, Spanien und Holland sowie Exemplaren seiner eigenen Produktion.

Sein Haus wurde 1912 fertiggestellt und war speziell zur Präsentation seiner Sammlungen gebaut worden. Heute beherbergt es ein Museum. Die Fliesen sind in die Böden, die Gewölbe und sogar die Sockel und Kapitelle der Betonsäulen eingefügt. An den Wänden des Treppenhauses sieht man einige Exemplare seiner Sammlung kostbarer EUROPÄISCHER DRUCKGRAFIK.

Die alten »Bücher« auf dieser Kommode sind Attrappen: Es sind TÜRSTOPPER, BRIEFBESCHWERER, LIEBESPFÄNDER, BUCHSTÜTZEN sowie hohle Behälter, in denen Wertsachen verwahrt wurden. Die aus Marmor und Stein sind im Allgemeinen massiv, während solche aus Metall und Holz meist hohl sind. Der Sammler inszeniert seine »Bücher« auf einem Tisch, als wären sie Teil seiner täglichen Lektüre.

FOLGENDE DOPPELSEITE Manschettenknöpfe sind eigentlich nützliche Gegenstände. Doch diese Exemplare dienen vor allem dazu, den Träger zu schmücken und bieten den idealen Vorwand für ein bisschen Glitzer am Handgelenk. Das Design von MANSCHETTENKNÖPFEN veränderte sich im Laufe der Jahrzehnte, erst waren es lockere Kettchen, in den 1960er-Jahren bevorzugte man größere Klammerversionen. Diese Sammlung enthält eine blinkende Auswahl, die eine Aura des Mondänen verströmt.

R BURNS

GUCCI

Am Rande der Schnellstraße zwischen Kentucky und Florida im Süden der USA verdienten sich die Grundstückseigentümer mit dem Verkauf solch handgemachter Textilien an Autotouristen ein kleines Zubrot. Der getuftete Chenille-Stil – ein Versuch, das Aussehen englischer Weißstickerei nachzuahmen – entstand in Georgia und entwickelte sich dort zu einer regionalen Baumwollindustrie.

GEGENÜBER Der alte HANDGEFERTIGTE CHENILLE, der aus dünnem Baumwollstoff oder Musselin bestand, war nicht so haltbar wie die später kommerziell gewobenen Textilien. Die geliebte Bettwäsche – zu verschlissen für den Gebrauch, zu kostbar zum Wegwerfen – ist reif für etwas Neues: Aus brauchbaren Resten und ausgeschnittenen Motiven wurden hier Kissen gefertigt.

DIESE SEITE Mit alten handgefertigten CHENILLE-TAGESDECKEN in plüschigem Muster wurde hier ein Bett überzogen und das übergroße Kopfteil gepolstert. Das riesige Kissen erhielt ein geometrisches Muster.

Der Exzentriker Henry Davis Sleeper war als Interior-Designer Autodidakt. Er ist der Erfinder schräger, aber magischer Farbkombinationen. Sleepers Meisterstück war Beauport, seine Sommerresidenz in Gloucester, Massachusetts. Das oktogonale Speisezimmer ist einer der fantasievollsten Räume. Obwohl die Ausstattung dem britischen Kolonialstil in Amerika entsprach, wirkt sie durch Einfügen zeitgenössischer Dekorationsstücke aus GLAS, WEDGWOOD-PORZELLAN und emailliertem Metall überraschend modern.

Die Hochzeit der Produktion von Souvenirlöffeln war von etwa 1880 bis 1905, eine Zeit, in der Mittelklasseamerikaner mehr Möglichkeiten zum Reisen hatten. Touristen kauften die Löffel als launige Erinnerung an einen Urlaub.

STARMITE II
Kodak
SAVOY
MADE IN U.S.A.
CLOSE WHEN NOT USING FLASH
Imperial
Mark 27
Imperial
LARK
Imperial
SATELLITE
127
BEACON
FLASH
COLOR
WHITEHOUSE
BROWNIE HAWKEYE
CAMERA
Kodak
BROWNIE FIESTA CAMERA
Kodak
Imperial MARK XII Flash
Kodak
BROWNIE Holiday CAMERA
BROWNIE FIESTA R4
Imperial
SIX-TWENTY
SNAPSHOT
CAMERA
MADE IN U.S.A.
BROWNIE
TARGET
SIX-20
MADE IN U.S.A. BY
EASTMAN KODAK COMPANY
Kodak

BILDNACHWEIS

VORDERES VORSATZBLATT: (von links oben) Maria Robledo; Maria Robledo; Vivian Pickles; Dana Gallagher; Dana Gallagher; Jose Picayo; Jose Picayo; Dana Gallagher; Gentl & Hyers; Vivian Pickles; Maria Robledo; Dana Gallagher; Dana Gallagher; Maria Robledo; Catherine Gratwicke; Maria Robledo; Maria Robledo; Dana Gallagher
HINTERES VORSATZBLATT: (von links oben) Vivian Pickles; Dana Gallagher; Maria Robledo; Sang An; Maria Robledo; Gentl & Hyers; Maria Robledo; Vivian Pickles; Craig Cutler; Jose Picayo; Maria Robledo; Catherine Gratwicke; Dana Gallagher; Dana Gallagher; Sang An; Dana Gallagher; Jose Picayo; Jose Picayo
SEITE 2: (von links oben) Dana Gallagher; Gentl & Hyers; Vivian Pickles; Maria Robledo; Dana Gallagher; Dana Gallagher; Dana Gallagher; Dana Gallagher; Jose Picayo; Gentl & Hyers; Dana Gallagher; Gentl & Hyers; Maria Robledo; Jose Picayo; Catherine Gratwicke; Dana Gallagher

William Abranowicz: 110, 277; **David Allee:** 75; **Sang An:** 34, 54, 55, 133, 138, 154, 196, 197, 244, 251, 268, 288, 289, 326, 327; **Burcu Avsar:** 129, 183; **Christopher Baker:** 212, 213, 308, 309; **Bill Batten:** 74, 254; **Mit freundlicher Genehmigung des Beer Can House:** 22, 23; **Rolland Bello:** 161, 162, 163; **Antoine Bootz:** 192, 204, 205, 226, 285, 286; **Andrea Brizzi:** 186, 187; **Anita Calero:** 242, 243, 265; **Craig Cutler:** 278, 283 (oben links), 324; **Mauro Davoli:** 184; **Gilles De Chabaneix:** 334; **Pieter Estersohn:** 39, 48, 49, 50, 51, 89, 259, 337; **Sally Gall:** 274, 275; **Dana Gallagher:** 4, 6, 12, 14, 15, 16, 17, 18, 19, 20, 21, 24, 25, 27, 28, 29, 30, 31, 32, 33, 37, 38, 40, 41, 44, 45, 46, 47, 68, 72, 73, 76, 78, 7980, 81, 82, 83, 84, 85, 86, 87, 88, 90, 94, 96, 97, 98, 100, 101, 102, 103, 104, 105, 108, 109, 111, 112, 114, 115, 117, 118, 119, 120, 121, 122, 123, 126, 134, 140, 141, 142, 143, 144, 146, 147, 149, 151, 159, 160, 166, 167, 170, 171, 172, 174, 175, 176, 177, 179, 180, 181, 182, 185, 195, 202, 203, 207, 208, 209, 210, 214, 215, 219, 222, 223, 224, 225, 228, 229, 230, 231, 232, 233, 236, 240, 241, 245, 246, 247, 248, 249, 250, 253, 260, 269, 272, 276, 280, 281, 290, 297, 302, 304, 305, 310, 311, 314, 315, 317, 318, 320, 321, 322, 323, 325, 328, 332, 333, 336, 340, 341, 347, 348; **Gentl & Hyers:** 106, 107, 132, 158, 282, 283 (unten rechts), 293, 294, 295, 296, 306, 307, 313; **Catherine Gratwicke:** 56, 57; **Troy House:** 298, 299; **Lisa Hubbard:** 42, 43; **Ditte Isager:** 92, 93; **Sam Kaufman Gallery:** 168, 169; **Eric Kvatek:** 77; **David Mann:** Foto des Autors Fritz Karch; **Toni Meneguzzo:** 135; **James Mollison (Überarbeitung der FARBEN) 79:** 26; **Amy Neunsinger:** 330; **Victoria Pearson:** 155, 267/Getty Images, 300, 301/Getty Images, 344, 345; **Eric Piasecki:** 53, 136, 137, 139, 164, 211, 273, 346, Foto der Autorin Rebecca Robertson; **Jose Picayo:** 58, 59, 130, 145, 150, 152, 165, 178, 188, 189, 196, 238, 287, 312, 335; **Vivian Pickles:** 52, 70, 71, 91, 95, 124, 125, 234, 235, 252, 258, 284, 331, 342, 343; **Maria Robledo:** 113, 156, 157, 262, 264, 283 (unten links), 316; **Scott & Zoe:** 292; **Victor Schrager:** 257, 271; **Mark Seelen:** 60, 64, 65, 66, 67; **Anson Smart:** 270; **Martin Solyst:** 148; **Joanne Tinker, mit freundlicher Genehmigung der Woolff Gallery, London:** 116; **Jonny Valiant:** 329; **Mikkel Vang:** 198, 199; **Jens Veerbeck (Überarbeitung der FARBEN) 79:** 190, 191; **Deidi Von Schaewen:** 11; **Bjorn Wallander:** 206, 261, 263, 266, 338, 339; **Mark Weiss:** 200, 201; **Anna Williams:** 216, 220, 221, 227, 291

ALTE KAMERAS wurden in allen möglichen Größen, Formaten und für unterschiedliche Funktionen hergestellt, aber selbst in einer einzigen Unterkategorie – preiswerte, einfache und kompakte Fotoapparate für Urlaubsschnappschüsse – gab es Unterschiede beim Gehäuse, beim Blitz und beim Auslöser. Die meisten in dieser Sammlung stammen von Kodak aus der Mitte des 20. Jahrhunderts.

DANKSAGUNG

Wir widmen dieses Buch allen Amateur- und Profisammlern, Handwerkern, Wiederverwertungsexperten, Künstlern, Fotografen, künstlerischen Leitern, Stylisten, Eigentümern von Antiquitäten- und Trödelläden. Wir möchten ihnen dafür danken, dass sie uns an ihrer eindrucksvollen und oft einzigartigen Welt, an ihrer Passion und ihrer Energie teilhaben ließen: Sie haben dieses Buch ermöglicht.

Unser Dank gilt auch allen in diesem Buch dargestellten Sammlern

William Abranowicz
Liz Adler
Larry Becker
Jonathan Bee
Kyle Bitters
Bill Blass
Bonnet House Museum & Gardens
Lisa Congdon
Roger Crowley
Jill Dienst
James Dunlinson
Patti Gaal-Holmes
Amy P. Goldman
Walter und Ise Gropius
Jason Hamilton
Katie Hatch
Nancy Heckler
Scott Horne
Kent Hunter
Andrea Karras
Sam Kaufman
Hugo Kohnhorst
Cary Leibowitz
Simon Lince
Nancy Lorenz
David Mann
Marcie McGoldrick
Jeff McKay
Henry Chapman Mercer
Ellen Morrissey
Museo Guatelli
John Milkovisch
Larry und Debbie Onie
Eric Pike
Andrea und Charles Rabinovitch
Patricia Robertson
Carlos Salgado
Sue Sheen
Henry Davis Sleeper
Silke Stoddard
Joanne Tinker, mit freundlicher
Genehmigung der Woolff Gallery
Alistair Turnbull
Keni Valenti
Jens Veerbeck
Vizcaya Museum & Gardens
Allison, JP, und Piper Williams
Valerie und Matthew Young

Dana Gallagher, unsere Fotografin und langjährige Freundin: Wir hätten dieses Buch ohne sie, ihr Team und ihr erstaunliches Talent nicht zustande gebracht. Unser Texter, Jen Renzi: Er erweckte unsere Worte auf den Seiten zum Leben. Wir danken ihm für seine tolle Mitarbeit und seine Ruhe, trotz all unserer Verrücktheit und Unordnung. Unsere Agenten, David Kuhn und Nicole Tourtelot: für ihre Vision. Das Team des Abrams-Verlages: Deborah Aaronson, Deb Wood, Rebecca Kaplan, Meg Parsont – für ihren Enthusiasmus, ihr Talent und ihre Klugheit. Unser Dank gilt auch den anderen Fotografen, deren großartige Arbeiten ein Teil dieses Buches sind. Yvette Gonzales: für ihre Hilfe bei der Entstehung dieses Buches. Ellen Morrissey: für ihre großartigen Ideen. Martha Stewart: dafür, dem Sammeln ein Forum zu geben und uns beide zu inspirieren. All unseren Kollegen bei *Martha Stewart Living*: Lektoren, Stylisten, künstlerischen Direktoren und kreativen Partnern, deren Arbeiten in diesem Buch wiedergegeben werden.

WIDMUNG

Von Rebecca Robertson

Marco und Luca: Sie sind meine Champions, meine Inspiration und meine Liebe. Meine Eltern: Ich danke ihnen dafür, dass sie mir die Liebe für alle alten, kaputten und schönen Dinge mitgegeben haben, und dafür, dass sie mir immer eine Stütze sind. Will Schwalbe: für seine (vielen) klugen Worte. Meine Familie und Freunde: Ich danke ALLEN für ihre Liebe und Unterstützung (sonst wäre ich verrückt geworden). Mein Mitautor Fritz Karch: Er hat mich mit seinem gewaltigen Talent, seiner nie versagenden Freundlichkeit und seinem Witz inspiriert.

Von Fritz Karch

Ich widme dieses Buch meinen Mentoren, Verwandten, Angehörigen und Freunden, die mich auch bei sehr unkonventionellen und unpraktischen Impulsen und Ideen ermutigt und mit mir zusammengearbeitet haben. Einigen von ihnen möchte ich namentlich danken, besonders David Mann, David und Betty Mcgrail, Joel Mathieson, Robert Kinnaman, Paula Rubinstein, Janet West, John Derian, Joan Pope, und Andrea Karras. Besonders aber Rebecca Robertson, die bessere Hälfte all meiner Gedanken, Anstrengungen, Instinkte, Aktivitäten und Impulse. Sie hat die meisten Dinge ermöglicht. Vielen Dank.

Alle, die wir in dieser Liste unabsichtlich vergessen haben sollten, bitten wir um Entschuldigung. Sobald wir eine Mitteilung darüber erhalten, werden wir unsere Buch-Website und alle folgenden Buchauflagen auf den neuesten Stand bringen.

Titel der Originalausgabe:
Collected: Living with the Things You Love

Gestaltung: Deb Wood

Deutsche Erstausgabe

Umschlaggestaltung: Fabian Arnet, Knesebeck Verlag
Satz und Korrektorat: Gunnar Musan, München
Übersetzung aus dem Englischen: Karin Maack
Druck: Lösch MedienManufaktur GmbH & Co. KG, Waiblingen
Printed in China

ISBN 978-3-86873-817-9

www.knesebeck-verlag.de